동아시아
근대와
기독교

근대한국학 대중 총서 05

동아시아 근대와 기독교

초판 1쇄 인쇄 2022년 3월 14일
초판 1쇄 발행 2022년 3월 21일
—
엮은이 연세대학교 근대한국학연구소 인문한국플러스(HK+) 사업단 지역인문학센터
펴낸이 이방원
편 집 정조연·김명희·안효희·정우경·송원빈·박은창
디자인 손경화·박혜옥·양혜진 **마케팅** 최성수·김 준·조성규
—
펴낸곳 세창출판사
　　　신고번호 제1990-000013호 **주소** 03736 서울시 서대문구 경기대로 58 경기빌딩 602호
　　　전화 02-723-8660 **팩스** 02-720-4579 **이메일** edit@sechangpub.co.kr **홈페이지** http://www.sechangpub.co.kr
　　　블로그 blog.naver.com/scpc1992 **페이스북** fb.me/Sechangofficial **인스타그램** @sechang_official
—
ISBN 979-11-6684-085-2 94910
　　　978-89-8411-962-8 (세트)

_ 이 책은 2017년 정부(교육부)의 재원으로 한국연구재단의 지원을 받아 수행된 연구임(NRF-2017S1A6A3A01079581)

근대한국학 대중 총서 05

동아시아
근대와
기독교

연세대학교 근대한국학연구소
HK⁺ 사업단 지역인문학센터

세창출판사

발간사

인간은 언제부턴가 현상의 이유를 알고 싶어 하는 물음, 즉 '왜'라는 질문을 하기 시작했다. 어떤 철학자는 이 질문과 더불어 비로소 인간이 된다고 한다. 자연스럽게 경험되는 현상을 그 이유(reason)부터 알고자 하는 것, 그것이 곧 이성(reason)의 활동이고 학문의 길이다. 이유가 곧 이성인 까닭이다. '존재하는 모든 것에는 충분한 이유가 있다(충족이유율)'는 학문의 원칙은, 따라서 '존재는 이성의 발현'이라는 말이며, '학문에의 충동이 인간의 본성을 이룬다'는 말이기도 하다. 최초의 철학자들이 자연의 변화 이유를 알고 싶어 했었는데, 이내 그 모든 물음의 중심에 인간이 있음을 알게 된다. 소크라테스의 "네 자신을 알라"는 말은 물음의 방향이 외부에서 내부로 이행되었음을, 인간에게 가장 중요한 물음이자 답하기 어려운 물음이 인간 자신에 대한 물음임을 천명한다.

자연과학이 인간에 대한 물음에 간접적으로 관여한다면 인문학(Humanities)은 인간을 그 자체로 탐구하고자 한다. 자연과학의 엄청난 성장은 인문학 역시 자연과학적이어야 한다는 환상을 심어 주었다. 대상을 객체로 탐구하는, 그래서 객체성(객관성)을 생명으로 하는 과학은, 주체성과 상호주체성으로 특징지어지는 인간의 세계뿐만 아니라 인간 역시 객체화한다. 인간이 사물, 즉 객체가 되는 순간이며, 사람들은 이를 인간성 상실이라고 말한다.

우리는 다시 묻는다. 나는 누구이며 인간은 무엇인가? 이 물음은 사물화된 인간에 대한 반성을 담고 있다. 인간이 이처럼 소외된 데는 객체화의 원인이라는 이유가 있을 것이다. 그것을 찾고자 인문학이 다시 소환된다. 자신의 가치를 객관적 지표에서 찾으려 동분서주했던 대중들 역시 사물화된 자신의 모습에 불안해한다. 인간은 객관적 기술이 가능한 객체라기보다 서사적 존재이고, 항상적 본질을 반복적으로 구현하는 동물이라기보다 현재의 자신을 끊임없이 초월하고자 하는 실존적, 역사적 존재이다. 인간에게서는 실존이 본질을 앞선다. 문학과 예술, 역사, 그리고 철학이 사물화된 세계에서 호명된 이유이다.

한국연구재단은 이러한 사명에 응답하는 프로그램들을 내놓았다. 그것들 중에서도 "인문한국(HK, HK+)" 프로그램은 이 문제에 가장 직접적으로 대면한다. 여전히 성과, 즉 일종의 객체성에 의존하는 측면이 있기는 하지만 인문학자들의 연구활동과 대중들의 인문의식 고양에 획기적인 프로그램으로 자리 잡았다.

연세대학교 근대한국학연구소는 2017년 11월부터 한국연구재단으로부터 "근대한국학의 지적기반 성찰과 21세기 한국학의 전망"이라는 어젠다로 인문한국플러스(HK+) 사업을 수주하여 수행하고 있다. 사업단 내 지역인문학센터는 연구성과 및 인문학 일반의 대중적 확산에 주력하고 있다. 센터는 강연과 시민학교, 청소년 캠프 및 온라인 강좌 등을 통해 전환기 근대 한국의 역동적인 지적 흐름들에 대한 연구소의 연구성과들을 시민들과 공유하고 있다. 출간되는 대중 총서 역시 근대한국의 역사, 문학, 철학 등을 인물별, 텍스트별, 주제별, 분야별로 대중에게 보다 폭넓게 다가가기 위해 기획되었다. 이 시리즈들을 통해 나와 우리, 즉 인간에 대한 물음에 함께하기를 기대한다.

연세대학교 근대한국학연구소
인문한국플러스(HK+) 사업단 지역인문학센터

차례

근대성과
한국 개신교

옥성득
로스앤젤레스 캘리포니아대학교 아시아언어문화학과

이 글은 1880년대부터 1920년대까지 신종교로 등장하여 민족 종교로 형성된 한국 개신교의 근대성을 이주성(이동성), 문명성(합리성), 혼종성(토착성), 변혁성(개혁성), 민족성(과 제국성)의 관점에서 논의한다. 한국 종교사에서 이 시기는 국망의 위기 속에서 조선의 이념인 신유교가 해체될 때, 고난 속의 민중이 민간신앙을 부활시키고, 동학을 비롯한 민족주의 신종교를 만들었으며, 서구 기독교를 수용해 하나님을 재발견하고, 유입되는 일본 불교와 신도의 다신론과 대결한 대격변기이다. 19세기 말 다양한 서구 교파 교회의 선교와 수용을 통해 신종교로 등장한 개신교는 한국 전통 종교들과 만나 배제와 혼종의 과정을 거치면서 현지화하여 한국 개신교로 형성되었다. 개신교는 전도, 의료, 교육, 문서, 여성 사업 등을 통해 한국 사회의 의제인 반봉건 근대화와 반외세 독립 국가 형성에 이바지했다. 세균설과 해부학으로 전염병과 질병을 치유하며, 합리성으로 우상과 미신을 제거하는 탈주술화 작업을 진행하고, 종교의 자유와 정교분리의 개념으로 종교의 고유 영역을 확보해 나가면서, 항일 운동을 통해 기독교 민족주의를 확립하고 기독교 종말론으로 새로운 사회를 상상하도록 하는 한편, 제국의 통제에 순응하는 영적 제국주의의 모습도 노출했다. 이런 다양한 근대적 요소에서 개신교는 각 항에 반대되는 주술성, 배타성, 봉건성, 제국성도 동시에 담보하는 이중성을 가졌다. 이 글은 한국 초기 개신교의 이런 다층적이고 모순적인 근대성을 개관함으로써, 초기 근대에서 근대 식민지로 전환된 한국사의 흐름 속에서 한국 개신교의 의미와 위치를 조명하고자 한다.

서론 근대 종교와 근대성

근대는 15세기부터 20세기에 걸친 장기 현상으로 근대성의 개념도 다양하다. 근대는 소빙하기(小氷河期)로, 냉해와 가뭄으로 기근과 감염병이 자주 발생했으며, 이를 타개하기 위한 노력이 신대륙의 발견, 국제 무역의 증가, 제국주의 발전으로 전개되었다. 동아시아는 팍스 몽골리카 기간(1250-1350) 이후 거시경제학에서 말하는 초기 근대 사회로 접어들었다.[1] 헐버트(Homer B. Hulbert, 1863-1949)는 조선을 한국 근대의 시작으로 보았다.[2] 소빙하기가 심화된 16세기 말-17세기 초에 임진왜란과 병자호

---

1 초기 근대의 특징은 중앙집권적 관료 국가의 등장, 상업과 해외 무역 증가, 인구 증가와 도시화, 문학 계층의 상향 이동, 조직된 평신도 영성의 대두, 본토어 사용과 인쇄물의 증가, 지도 제작, 동식물의 사전화 등이다. 15-18세기 조선은 이런 세계사적 주류와 궤를 같이하는 국가였다. 예를 들면 의주, 개성, 동래 상인의 부 형성, 서원의 확산과 상소제도의 발달, 『천상열차분야지도』(1395), 『혼일강리역대국도지도』(1402), 『향약집성방』(1433), 『훈민정음』(1446), 『자산어보』(1814)의 집필과 제작 등이다.
2 Homer B. Hulbert, *The History of Korea*, The Methodist Publishing House, 1905, 295.

란을 겪은 조선은, 이후 다소 안정기를 회복하고 인구 증가로 인한 토지 부족을 노동 집약적 농업과 생산성 향상으로 극복했다. 소농(小農) 사회의 근면혁명(Industrious Revolution)을 통해 선진 유기 사회(advanced organic society)로 발전했다.[3] 대가족제도의 발전은 한 개인의 위상이 계급보다 가족이 더 중요하게 된 사회상을 반영했다. 조선은 정체된 사회가 아니라, 유럽보다 생활 수준이 높았으며, 신유학의 이상인 성균(成均)을 지향했다. 그러나 18세기부터 기후 변화와 삼림 남벌로 인한 생태계 위기 속에 홍수와 기근, 영양실조, 전염병 유행으로[4] 수명이 단축되고, 정부의 통치가 무너지고, 새 왕조를 상상한 『정감록(鄭鑑錄)』이 유행하고 민란이 이어졌다. 반면 유럽에서는 종교개혁 이후 가톨릭 국가들이 영토 확장을 위해 해외로 진출하여 점령한 신대륙의 원료와 은과 노예를 활용하여 자본주의 발전을 준비했다. 영국에서는 자본 집약과 기술 혁신, 도시 주변 석탄의 활용을 통해 산업혁명(Industrial Revolution)을 달성하면서, 유럽은 동아시아를 앞서가는 대분기(Great Divergence)를 맞았다.[5]

---

3 Osamu Saito(遠水融), "An Industrious Revolution in an East Asian Market Economy? Tokugawa Japan and Implications for the Great Divergence," *Australian Economic History Review* 50(3), 2010, 240-261. 산삼의 나무로 만든 화목, 동물과 인간의 근육으로 에너지를 만든 사회가 유기 사회이며, 삼림의 남벌로 숲이 사라지고 홍수 때 토양이 유실되던 17세기 후반부터 동아시아(조선과 일본)의 노동 집약적 유기 사회에 한계가 왔다.

4 『조선왕조실록』에 따르면 1650-1750년에 562건의 전염병이 발생하여 조선 시대 전체 1,455건의 38.6%를 차지했다. 경신대기근(1670-1671)에는 12,048명이, 1750년 천연두에는 356,709명이 사망했다. 이준호, 「조선 시대 기후변동이 전염병 발생에 미친 영향: 건습의 변동을 중심으로」, 『한국지역지리학회지』 25(4), 2019, 425-436.

5 Kenneth Pomeranz, *The Great Divergence: China, Europe, and the Making of the Modern World*, Princeton University Press, 2001; 안종석, 「영국 산업혁명의 원인 논쟁에 대한 비판적 검토와 '대분기'의 재고찰」, 『사회와 역사』 103, 2014, 349-400; 이영석, 「大分岐'와 근면혁명론」, 『역

18세기 말 조선의 초기 근대 사회의 한계를 극복하려는 비주류 양반층은 서양의 과학 기술과 함께 천주교를 수용했다. 왕실과 주류 양반 사회는 유교 이념으로 천주교를 서양 오랑캐의 사교로 박해하고, 기존의 성리학 질서를 수호하려고 노력했다. 그리피스(William E. Griffis, 1843-1928)는 가톨릭의 도래를 근대의 시작으로 보았지만,[6] 19세기 초 가톨릭교회는 프랑스혁명의 근대성을 지지하지 않는 보수적 기관으로, 내한 프랑스 선교사들도 시골 출신으로 교육 수준이 낮았다. 그들은 농촌의 생활 양식에 익숙한 봉건성, 박해 속에 은둔하면서 인내하는 순교적 영성, 무교의 굿과 유교의 제사를 귀신숭배로 배격하는 배타적 보수 신학, 식민지를 경영하는 프랑스 해군의 보호에 의존하는 제국성을 유지했다. 문화 신학적으로 탄력적이었던 예수회 신부들의 한문 서적을 읽고 천주교에 관심을 가졌던 초기 양반 신자들과 달리, 19세기 중반 전례 논쟁 종결로 반제사 정책이 시행된 이후에 내한한 보수적인 프랑스 신부들의 지도를 받은 조선의 천주교회는 핍박 속에 순교와 생존이 중요했으므로, 근대적 요소가 들어올 여지가 적었다.

　　후기 근대로 접어든 19세기에 유럽 제국은 아시아에 진출하여 식민지를 확장했다. 본격적인 제국주의 시대(1880-1914)에 일본은 중국과 러시아와의 전쟁에서 이기고 동아시아의 최강자로 성장하여 한국을 식민지

　　사학연구』 58, 2015, 345-377 참고. 대분기는 석탄의 매장과 같은 지리적 우연성과 기술의 혁신, 양자의 결합으로 이루어졌다.

6　William E. Griffis, *Corea: the Hermit Nation*, Charles Scribner's Sons, 1882, 443. 그리피스는 근대 서구의 과학, 종교, 문명을 수용하면서 한국에서 근대가 시작되었다고 보았다.

로 만들었다. 정치적으로 보면 러일전쟁은 근대기 동서 경쟁에서 황인종 아시아 국가(일본)가 백인 유럽 국가(러시아)에 승리한 첫 전쟁이었는데, 동아시아는 초기 근대의 저력(근면성, 공동체성)을 바탕으로 국력을 탄력적으로 회복하고 압축 성장을 통해 20세기를 동아시아의 세기로 만들었다. 식민지에서 해방된 한국과 대만은 후발 주자의 이점을 활용해 압축 성장으로 '작은 용'이 되었으며, 중국은 이들을 벤치마킹하여 경제 대국으로 급성장했다. 한국을 비롯한 동아시아는 장기 근대에 후진국의 굴욕을 당했으나, 초기 근대의 저력을 바탕으로 20세기 말부터 21세기 초 후기 근대(탈근대) 시대에 선진국에 진입했다. 해방 이후 한국의 회복 탄력성과 성장 저력은 장기 근대에 축적된 근면성의 유산에서 유래했다. 즉 유럽의 길과 동아시아의 길은 다르면서 같았고, 동아시아 삼국에서도 동질성과 독특성이 공존하는 역사의 궤적을 그렸다.

선교적 종교인 불교, 기독교, 이슬람 가운데, 서구 기독교는 서구 제국주의의 확장과 함께 세계 각국으로 진출했다. 종교적으로 보면 러일전쟁은 영국-미국의 개신교와 연대한 일본의 불교와 신도의 러시아 정교와 프랑스 천주교에 대한 승리였다. 따라서 러일전쟁 이후 한국에서는 개신교, 불교, 신도(神道)가 급성장했다. 반면 한국전쟁 이후 남한에서는 개신교, 불교, 천주교 교세가 폭발적으로 성장하여 1962년 9%의 종교 인구가 1995년에는 50%(개신교 19.4%, 불교 23.2%, 천주교 6.6%)가 넘는 일시적 거품 성장을 이루었다.

이런 초기 근대에서 근대로의 이행기에 수용된 개신교가 가진 근대성과 한국 근대 사회에 준 영향은 무엇일까? 18세기 말부터 19세기 초에 걸친 한국 종교의 근대사는 다음 주제들을 중심으로 논의해 왔다. 가톨릭의 수용, 동학의 확산, 개신교의 형성, 신종교의 등장에 따른 ① 다종교 간의 경쟁, 공존, 융합에 따른 다양한 종교들의 자기 정체성 문제, ② 종교와 정치, 곧 종교의 자유와 정교분리(정부의 간섭 배제와 종교의 사사화) 개념의 발전 양상과 종교민족주의, ③ 과학(합리성, 의학, 교육)과 미신(축귀, 안수 기도 치유, 기복주의)과의 관계 문제, ④ 종교와 사회 변혁(계층 변화, 여성 인권 향상, 자본주의의 발전) 등이다.

이를 세계 기독교의 관점에서 보면, 선교 종교인 기독교는 한 지역과 문화를 넘어 다른 지역과 문화로 이주하며[이동성(mobility)], 타 종교와 만나 혼합하고[혼종성(hybridity)], 그 지역 종교 문화에 현지화하며[번역성(translatability), 토착성(indigenization)], 그 사회와 문화를 변형시키는[변혁성(transformation)] 과정을 반복한다고 하겠다. 근대 종교는 교통과 통신과 무역이 발전하고 제국주의의 식민지 경쟁이 확대되어, 시공간의 축소가 가속화되면서 이동성, 혼종성, 토착성과 더불어 식민성과 그에 대항하는 반식민성(민족주의)의 특징을 지니게 되었다. 식민성은 제국과 식민지 양자에게 영향을 주는 이중성을 가지고 있었으며, 근대 종교는 식민지 근대성을 공유했다. 한국이 청일전쟁과 러일전쟁을 거쳐 일제의 식민지가 되는 과정에서 한국 개신교는 친일 식민성과 항일 반식민성을 동시에 지니는 양면성을 가졌다.

1. 개신교의 이주성

기독교는 1세기에 예루살렘을 떠나면서부터 이주와 망명의 종교가 되었다. 한 문화권에서 다른 문화권으로 이동하면서, 새로운 인종, 문화, 언어를 채택하고 정착했다. 기독교의 무게 중심은 서기 1000년을 지나면서 소아시아의 콘스탄티노플에서 유럽 대륙으로 넘어갔고, 종교개혁이 발생하던 1500년 초에는 독일에 있었으며, 1900년에는 스페인에 있었다. 서구 기독교 국가들은 '백인의 짐'을 지고 아프리카, 아시아, 남아메리카의 식민지에 '기독교 문명'을 전파했는데, 기독교 선교는 정치·경제적 제국주의에 대한 종교적 등가물이었다. 그러나 1980년대 초, 과거 식민지요, 선교지였던 남반구의 기독교 인구가 북반구의 기독교 인구를 능가하는 대역전이 1천 년 만에 일어났으며, 40년이 지난 오늘날 세계 기독교 인구의 약 70%가 2/3세계에 거주하고 있다.

한국 개신교도 지속적인 공간 이주의 종교였다. 기존의 유교와 불교와 무교는 고착되어 있었고 1910년 이전에 큰 이동은 없었다. 동학은 경주에서 발원하여 경상도 지역에서 전라도로 이동했고, 갑오 동학혁명 이후에는 황해도와 평안도의 북접이 발전했다. 개항과 더불어 지하교회로 존재하던 천주교가 지상으로 올라왔고, 개항장으로 진출한 일본 불교와 신도가 있었다. 그러나 1910년 이전 한국 종교의 분포와 형세에서 가장 활발한 이동은 개신교였다. 1920년 이전 개신교의 공간 이동은 크게 네 부분으로 나누어 볼 수 있다.

첫째, 개신교 수용 단계에서는 자연히 해외에서 국내로 들어왔는데, 그 전파 경로는 만주 잉커우[營口]와 선양[瀋陽]에서 압록강을 건너 평안도로 내려오는 남하(南下) 육로, 중국의 개항장(즈푸[芝罘], 상하이[上海], 푸저우[福州])에서 서해를 건너 한국의 해안과 개항장으로 접근하는 동진(東進) 해로, 그리고 일본의 개항장(요코하마[橫濱], 나가사키[長崎])에서 남해를 건너 한국의 개항장으로 입항하는 북진(北進) 해로의 세 가지가 있었다. 이들 중 첫 두 노선은 전통적 종교들과 동일한 유입 경로였고, 근대에 추가된 경로는 일본을 통한 서구 개신교와 일본 신도와 일본 불교의 유입이었다. 이 마지막 경로를 통해 근대 문명과 함께 일본 제국주의도 들어왔다. 1832년 인도네시아에 거주하던 카를 귀츨라프의 고대도 전도, 1865-1866년 베이징 거주 로버트 토머스의 산동반도 즈푸에서 출발한 백령도와 평양 전도, 1874-1885년 로스의 만주 개항장 뉴좡과 선양으로부터 고려문 전도, 1883년 즈푸에서 출발한 중국내지선교회 다우스웨이트의 개항장 권서를 위한 탐사 여행은 유럽(독일, 영국, 스코틀랜드) 교회 선교회의 활동이었다. 1876년 개항 이후 내한한 선교사들은 대부분 미국, 캐나다, 호주의 교파 교회 선교본부가 파송한 교단 선교사들이었다. 1884년부터 미국 북장로회와 미국 북감리회가, 1890년대에 미국 남장로회, 호주 장로회, 캐나다 장로회, 미국 남감리회가 선교사를 파송하면서, 이들 6개 선교회를 중심으로 1905년 재한개신교복음주의공의회가 조직되었다. 영국 교회(성공회)와 소수의 선교사를 파송한 교회(러시아 정교회, 침례회, 구세군, 형제회 등)의 선교사들은 공의회에 가입하지 않고 독립적으로 활동했다. 1910년 이후에는 일본 기독교(조합교회, 감리회)의 진출이 활발했는데, 총독부의 동화 정책을 지지하며 급성장하다가, 1920년대부터 쇠퇴했다. 한국 개신교는 여러 지류가 합류하여 생긴 강처럼 서구 기독교가 중국과 일본에서 현지화한 후 한반도에서 형성된 새로운 기독교였다.

두 번째 이동은 서울에서 전국 지방으로의 확산이었다. 한 교단의 해외선교회이사회(Board 선교본부)에서 파송한 선교사들은 한국 선교회(Korea Mission)를 조직하고, 주요 도시에 선교사가 거주하는 선교지부(station)를 설치하고 한국인 순회 조사가 책임지는 선교지회(sub-station)를 감독했다. 장로회와 감리회 선교회들은 각각 하나의 한국 교회를 조직하고 정책을 통일했으며, 공의회를 조직하여 연합 사업과 정책을 조율했다. 1910년 전후 장로교회의 경우 선교지부[서울, 평양, 선천, 재령, 강계, 안동, 청주(이상 북장로회); 군산, 전주, 목포, 광주, 순천(이상 남장로회); 원산, 함흥(이상 캐나다 장로회); 부산, 진주(이상 호주 장로회)]는 노회로, 선교지회는 시찰(circuit)로 발전했으며, 전국 단위로는 1907년에 독노회가, 1912년에 총회가 조직되었다. 선교사들은 본국 노회 소속이면서, 동시에 한국 노회와 총회에서 투표권을 가지는 특권을 누렸다. 북감리회는 서울에서 해주, 영변, 공주, 원주로 확장되었고, 남감리회는 서울에서 송도(개성), 원산, 춘천 지역으로 진출했다. 6개 선교회는 1912년 교계 예양(comity, 선교지 분할)을 마무리하고 효과적인 신속한 복음화를 추진했다. 대체로 감리회는 중부 지방, 북장로회는 경부선과 경의선이 지나가는 지역(경상북도, 충청북도, 경기도, 황해도, 평안도), 캐나다 장로회는 함경도, 호주 장로회는 경상남도, 미국 남장로회는 전라도와 제주도를 맡았다. 특이한 경우는 고교회 전통의 영국 성공회로, 해로를 따라 서울(정동, 마포, 강화)과 산둥 반도의 즈푸, 만주의 잉커우가 주교의 교구였으며, 중국과 일본 성공회와 긴밀히 연결되어 있었다.

셋째, 국내에서 해외로의 이동이다. 교회는 한인의 디아스포라에 동행했다. 1903-1905년 하와이 이민의 다수가 개신교인이었다. 여러 섬에 흩어진 농장의 한인들을 위해 감리교회를 조직하고 순회 목회자들이 활동했다. 1905년 멕시코 이민에도 상당수 개신교인이 포함되어 있었다. 1907년 제주도 선교가 시작되었고 평안도와 황해도 교회들이 지원했다. 서북 교회는 1912년 산둥반도의 중국인 선교를 지원하고 한국인 선교사들을 파송했으며, 곧 전국 교회가 동참했다.

네 번째 이동은 서북 지역에서 서간도와 북간도로 영적인 변경이 이동했다. 한국 개신교의 무게 중심은 서울에서 1900년대 평양으로, 평양에서 1910년대 선천과 의주로 이동했으며, 1920년대에는 서간도와 북간도로 이동했다. 1910년 병합 후에 한인들의 대량 시베리아 만주 이주가 이루어졌다. 다음의 1919년 시베리아 만주 지역 한인 인구와 장로교회와 기도처의 분포 지도에서 보듯이 평안도의 북장로회 지역인 서간도에 한인 35만 명 중 기독교인은 4천6백 명이었으며, 함경도 캐나다 장로교회 지역인 북간도의 40만 중 기독교인 1만 명, 감리회 지역인 시베리아와 북만주에는 40만 명의 한인이 존재하여, 총 115만 명이 이 지역으로 이주·망명했다. 이주민의 약 1.5%에 해당하는 1만 7천 명의 개신교인이 3.1 운동 전후 서간도와 북간도와 시베리아 만주 철도 노선을 따라 30여 개의 조직 교회와 13개의 기도처를 운영했다. 교회 옆에 학교를 설립하

_____ 시베리아 만주 지역 한인 인구와 장로교회와 기도처의 분포 지도, 1919[7]

고 민족 운동을 전개했다.

이러한 개신교의 공간 이주는 한국 종교사에서 독특한 것으로, 해방 이후부터 한국전쟁 기간에는 북한과 간도, 만주, 시베리아 지역의 교인들이 남한으로 피난/이민하는 대이동을 경험했다. 1960-1970년대에는 산업화와 도시화로 농촌에서 도시로 이주했고, 1980-1990년대에는 도시에서도 아파트촌으로, 도시 중심에서 주변 신도시로 이주했다. 교회의 무게 중심 이동과 급격한 공간 이동은 교인들의 구성 변화는 물론 영성과 의례와 신학의 변화까지 초래하는 주요 요인이었다. 정착하지 못하고

---

7 "Manchuria Mission," _New Era Magazine_, June 1919, 469.

떠돌며 예배 처소를 자주 옮겨야 했던 개신교회는 자급, 자전, 자치의 네 비어스 방법을 따라 교인들의 자원하는 희생·헌신을 기초로 개척 정신과 민주 정신을 강화했다. 동시에 개별 교회의 생존과 성장에 치중할 수밖에 없는 풍토도 만들었다.

2. 개신교의 문명성

서구 유럽의 근대성은 베버(Max Weber, 1864-1920)가 말한 대로 인간 이성의 진전에 따른 합리화가 특징이며, 이는 탈주술화로 종교적 권위의 약화, 자연과학 기술과 직업으로서의 학문의 발전, 현세적 금욕주의의 실천, 자본주의 정신의 발전, 관료 지배의 강화를 가져왔다.[8] 서구 제국은 탈주술화의 산물인 과학과 기술로 선교지를 문명화의 이름으로 식민지로 만들었으며, 기독교 선교는 이 정치·경제적 제국주의의 영적 등가물로서 작동했다.[9] 기독교의 근대 해외 선교는 서구에서 발생한 탈주술화로 인한 문명화(근대화)는 수용하되, 유일신(존재 의미를 해석하고 정당화할 수 있는 초월적·절대적 기준)의 죽음을 거부하고, 기독교의 유일신과 문명으로 선교지의 다신 우상을 파괴하고 대체하는 복음화, 곧 '기독교 문명'화 작업을 추진했다.

---

8 막스 베버, 전성우 역, 『탈주술화' 과정과 근대』, 나남, 2002.
9 William R. Hutchison, *Errand to the World*, University of Chicago Press, 1987.

개신교는 '선교의 위대한 세기'인 19세기에 '백인의 짐'을 지고 아시아, 아프리카, 남아프리카에 기독교 신과 문명을 전파하는 거대 사업을 추진했다. 국제 교통 통신망의 확대, 의학 발전, 사회학의 대두에 따라, 기독교 선교는 기독교 복음을 통한 개인 변화와 더불어 '이교' 사회 전체를 개혁하고 문명화하기 위해서 학교, 병원, 인쇄소, 여성 기관을 설립하고 교육, 의료, 문서, 여성 선교 사업을 전개했다. 우상 파괴 입장에서 전통 종교를 대체하고, 신교육론(산업, 여성, 체육 교육)으로 전통 교육(교양, 남성, 지식 중심)에 도전하고, 세균론으로 질병에 대한 귀신론을 미신으로 비판했다. 즉 기독교의 선교는 서구화(합리성, 탈주술화, 문명, 과학, 직업, 자본주의, 관료주의)와 비서구화(유일신의 회복)를 동시에 추진하는 역설을 특징으로 했다.

개신교 선교의 이중성은 내한 선교사들의 70% 정도를 차지한 미국 선교사들의 의식과 구성에서도 나타났다. 19세기 말 해외 선교는 부흥 운동과 학생 자원 운동이 내세운 "이 세대에 세계를 복음화하자"라는 전천년설적 표어로 추동되었다. 남북전쟁 전후 세대인 그들은 미국이 산업화, 도시화, 세속화되던 도금 시대(the Gilded Age)에 해외 선교사로 나왔는데, 90% 이상 농민으로 구성된 아시아와 아프리카에서 복음을 전하려는 열정이 강했다. 동시에 그들의 문화 의식은 뉴욕과 시카고의 대학과 신학교에서 형성된 합리적인 진보주의에 자리를 잡고 있었다.

지금까지 진보나 보수나 '전형적인 초기 내한 미국 선교사'에 대해서, 1919년 브라운 총무의 말을 인용하여 보수적, 전천년설적, 청교도적 신앙 유형의 인물로 보거나,[10] 탈식민주의 입장에서 중산층 가치와 자본주의적 삶을 이식했다고 주장했다.[11] 이런 해석들의 약점은 선교사를 히나의 동질 그룹으로 보고, 시차를 무시한 채 1910년대 대학 문제를 겪은 브라운 총무의 편견이나 1930년대 근본주의 선교사들의 모습을 1890-1900년대에 투사하는 것이다. 런던에서 태어나 프랑스에서 초등학교를 다니고 뉴욕에서 갑부의 아들로 자라 뉴욕대학교와 뉴브런즈윅 화란개혁신학교를 다닌 언더우드(H. G. Underwood), 프린스턴대학교에 다니고 세련된 중산층 출신의 아내와 함께 내한한 빈턴(C. C. Vinton) 의사, 남북전쟁 후 중서부 개척지 시골의 농부나 중소도시의 상인의 아들로 자라고 시카고에서 무디 부흥 운동의 영향 속에서 신학교를 다닌 마페트(S. A. Moffett), 베어드(W. Baird), 리(G. Lee), 스왈른(W. Swallen), 무어(S. F. Moore), 클라크(C. A. Clark)를 한 그룹으로 분류하기는 어렵다. 이들의 사회·문화적 성향을 자본주의 중산층이라는 하나의 범주에 넣는 것은 무리다. 그들은 19세기 프랑스 천주교 선교사들과는 달리 중산층 도시 문화에 친화적이었다는 공통점을 지녔지만, 언더우드는 문명론을, 마페트는 복음화론을 더 선호했다. 중소도시 출신의 선교사들은 한국에서 중하층과 신흥 중산층을 계몽하여 중산층으로 만들었다.[12] 미국 선교사들은 황무

---

10 Arthur J. Brown, *The Mastery of the Far East: The Story of Korean's Transformation and Japan's Rise to Supremacy in the Orient*, Charles Scribner's Sons, 1919, 540.

11 류대영, 『초기 미국 선교사 연구』, 한국기독교역사연구소, 2001.

12 1892년 맥코믹신학교를 졸업하고 한국에 온 초기 장로교회 선교사들(기퍼드, 마페트, 베어드, 리, 무어, 스왈른, 테이트, 애덤스, 샤프, 로스, 번하이슬 등)은 시골이나 중소도시 출신이다. 이들은 뉴잉글랜드 대도시 출신 양키 선교사들(언더우드, 아펜젤러 등)처럼 기독교 문명론을 전파하는 대신, 순수 그리스도만을 전하려고 노력했다. 대형 병원이나 학교를 통한 간접 선교 방법론인 기구주의에 반대하고, 복음만을 전해서 교회 설립을 통해 신속한 복음화를 추진한 네비어

지 한국에서 세련된 선교지부를 '작은 미국'으로 만들려고 했다. 그들은 YMCA 운동이 지향한 도시 중하층 청년들에게 지덕체 직업 교육을 실시하고, 기독교 신앙을 불어넣어, 건전한 도덕과 강건한 육체를 지닌 도시 중산층으로 성장하도록 돕는 계층 향상 프로그램을 가동했다.

선교사의 절반 이상이 여성이었는데, 특히 독신 여성 선교사는 여성 교육과 여권 신장을 도모했다. 비록 여자 선교사들이 빅토리아 여성관을 전파했지만, 한국 상황에서 학교라는 공적 공간에서 이루어진 여성 교육은 혁명적인 변화였고, '현모양처(자녀 양육과 가정 경영을 위한 지식인 여성)'를 지향한 선교 여학교는, 동시에 1920년대 '신여성'의 선구가 된 최초의 교사와 간호사 등 직장 여성을 배출했다.

기독교 문명론인 사회학적 선교 신학의 대표적인 저서는 프린스턴신학교 출신 선교사로 선교 이론가였던 데니스(James S. Dennis)가 쓴 『기독교 선교와 사회 진보』였다.[13] 후천년설과 기독교 문명의 승리주의 입장에서 쓴 이 책은, 개인의 영적 변화를 기본으로 점진적인 이교 사회의 총체적 변혁을 주장하고, 그 증거를 한국을 비롯한 여러 선교지에서 수집하여 정리했다. 아시아 문화와 종교를 무시하는 문화제국주의적인 태도로 인해, 비록 당대에서는 진보적인 사회 선교서로 환영받았으나, 타종교 문화의 긍정성을 옹호한 차세대 선교 신학자들로부터는 외면당했다.[14]

스 방법을 지지했다.

[13] James S. Dennis, *Christian Missions and Social Progress: A Sociological Study of Foreign Missions*. 3 vols., The Fleming H. Revell, 1897-1906.

동아시아에서 근대화(문명화, 서구화)의 주체와 통로는 정부와 정부 기관이었다. 그러나 조선에서는 정부의 힘이 약하고 재정이 부족하여, 근대화의 주요 통로는 개신교 교회, 학교, 병원, 인쇄소, 청년회 등이었다. 한국 개신교는 1897-1904년에는 온건한 구본신참(舊本新參)의 광무개혁을 추진한 대한제국의 근대화 노력과 동조했고, 1904년 이후에는 문명개화(文明開化)를 내세운 일본제국과의 경쟁에서 기독교 문명론을 추구했다. 타 선교지와 달리 한국에서는 비기독교 국가인 일본제국이 식민 정부가 되어 문명의 시혜자를 자임했으므로, 개신교는 문명론에서 총독부와 경쟁하는 관계에 있었다. 대한 정부와의 협조와 일본 통감 정부와의 경쟁 공간에서 기독교 민족주의가 태동했다. 그러나 1910년 합병 이후 선교사들과 한국 교회는 공식적으로는 총독부 정책을 수용하고 식민지 근대성을 추구했으며, 1920년대에는 학생과 부모의 요구로 학교 시설을 확충하고 변화된 상황에 맞게 모든 선교지부가 어느 정도의 기구주의를 수용했다.

북감리회는 대한제국 선포 시점에 발간된 데니스의 기독교 문명론을 지지했다. 아펜젤러와 존스는 사회 구조 변혁을 추구한 기독교 문명론을 수용하고 실천하고 있었기 때문에, 1898년 데니스의 책을 서평 형식으로 소개했다.[15] 북감리회 한국 선교는 처음부터 직접적인 복음 전도와 사회학적 선교, 곧 개인 구원과 더불어 교육-의료-여성 사업을 통한 총체적

---

14 William R. Hutchison, *Errand to the World*, op. cit., 108-109.

15 "Christian Missions and Social Progress," *Korean Repository* 5, 1898, 64; 민병배, 『한국기독교사 회운동사』, 대한기독교출판사, 1987, 13-15.

사회 구원을 추구한 역동적 노선에 서 있었다. 금주·금연, 반제사, 반처첩제로 풍습까지 바꾼다는 입장이었다. 이는 독립협회의 노선과 유사했고, 따라서 『독립신문』은 기독교 문명론을 지지했다.

북장로회의 경우 1891년 네비어스 방법을 공식 정책으로 채택하고, 세속적 문명이 아닌 그리스도의 복음을 전하고, 토착교회 설립을 통한 신속한 복음화에 나섰다. 네비어스 방법에서는 영어 고등 교육 대신 본토어 초중등 교육에 치중했다. 하지만 서울 선교지부는 1897년 대한제국의 광무 원년부터 문명론으로 선회하기 시작했으며, 네비어스 정책을 고수하는 평양 선교지부와 논쟁했다. 1897년 『그리스도신문』 편집인인 언더우드는 기독교적 내용 외 담배 농사를 비롯한 정치·경제·사회 기사를 수록했는데, 평양에서는 정부 관리들이 보는 교양지가 아닌 기독교인을 위한 가족 신문을 요구했다. 『그리스도신문』은 학문(격치학)을 강조하고, 유교와 기독교의 표리 관계를 강조하면서 개신 유학파 청년들을 포용했다. 1900-1904년 서울 지부는 2인 의사 이상의 선교회 연합 대형 병원인 세브란스병원을 통해 일본 병원과의 경쟁에서 의료 주도권을 잡을 수 있다고 보았으나, 평양 지부는 이를 기구주의로 비판하고 1인 의사, 전도 사업에 부속된 의료 사업을 주장했다.

다음 도표에서 보듯이 한국 선교회들은 1910-1917년 하나의 대학 설립안을 놓고 가장 치열하게 논쟁했다. 서울 측(북장로회, 북감리회, 남감리회, 캐나다 장로회)은 총독부 교육 정책을 수용하면서,[16] 폭넓은 인문 교육

---

16 총독부는 1911년 제1차 조선 교육령, 1915년 교육 규칙, 1922년 제2차 조선 교육령을 통해 한

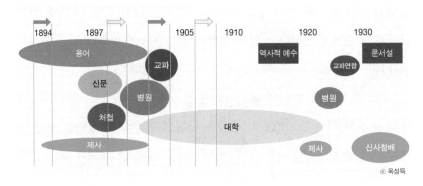

1894　1897　1905　1910　1920　1930

용어

교파

신문

병원

처첩

제사

대학

역사적 예수

문서설

교파연합

병원

제사

신사참배

ⓒ 옥성득

_____ 한국 교회의 주요 논쟁, 1894-1934

을 통한 민족의 지도자 양성을 목표했으나, 평양 측(북장로회, 남장로회, 호주 장로회)은 교회 지도자 양성을 목표로 했다. 1915년 서울에 연희전문학교(조선기독교대학)가 설립된 배후에는 1910년대 기독교 교육관의 변화가 자리 잡고 있었는데, 브라운 총무와 같은 선교회 본부의 총무들이나 대학위원회의 가우처 학장 등이 진보적인 교육관을 소유했기 때문이었다.[17] 서울 측은 기구를 중시하고 인력과 재력을 투자했기 때문에, 1930년대에 총독부가 학교부터 신사참배를 강요하자 기관 유지를 위해서 굴복했다. 반면 평양 측은 문명을 덜 중시했기 때문에 학교 폐쇄라는 강경책을 채택했다. 남장로회는 선교부에서 서울 측을 지지했고, 호주

_____

국인을 일본제국의 충량한 신민으로 만드는 동화 정책을 목적으로 일본어로 수업하고, 일본혼을 교육하는 수신 과목을 중시했다. 총독부는 교육을 정부의 기능으로 보았으므로 종교(기독교)와 교육을 분리하려고 했다. 1910년대 서북 지역 선교학교가 민족주의의 온상이었으므로, 105인 사건으로 경고하고 통제를 강화했다.

17 연희전문학교 설립에 대해서는 옥성득, 「대학문제: 조선기독교대학의 설립 과정과 정체성, 1913-1917」, 『동방학지』 196, 2021, 353-386을 보라.

장로회는 세브란스의학전문학교에서 연합하고 있었기 때문에 서울 측이 승리했다.

　새로운 질병관과 신체관도 도입했다. 빈번한 콜레라의 유행은 샤머니즘의 귀신론에 대항하는 기독교의 세균론을 전파할 기회였다. 의학과 성령론이 협력하여 귀신이 몸에 들어와 질병을 일으킨다는 무교의 귀신론과 힘 대결을 벌여서 승리했다. 사람들은 병에 걸리면 무당이나 판수를 불러서 병마를 쫓았으나, 전염병 앞에서는 무당도 속수무책이었다. 쥐 귀신이 콜레라를 일으킨다고 믿고 대문에 고양이 부적을 붙이는 게 전부였다.[18] 1902년 서울의 보구여관 에스더 박(Esther Kim Pak) 의사는 세균에 감염되지 않는 예방법을 알려 주었다. 교인들은 콜레라로 사망하더라도 귀신의 벌로 죽는다는 두려움 없이 영원한 천국에 가는 소망을 가질 수 있었다.[19] 그러나 귀신 들린 자를 치유하는 축귀 의식도 함께 진행되었기 때문에, 기적적 치료에 대한 성령의 은사 지속론과 은사 중지론 간의 논쟁은 1920년대까지 지속되었다. 1914-1942년 세브란스병원의 첫 정신과 의사로 사역한 호주 장로회의 맥라렌(Charles I. McLaren) 의사는 은사 지속론을 강하게 지지하지 않았지만, 모든 질병이 영육 상관관계 속에

---

18 V. F. Penrose, "Medical Missions as a Factor in World Evangelism," *The Missionary Review of the World*, 1906, 686.

19 *Fifth Annual Report of the Korea Woman's Conference of the Methodist Episcopal Church, held at Seoul May 1903*, The Methodist Publishing House, 1903, 14; "Korea," *Annual Report of the Missionary Society of the MEC*, MEC, 1903, 361; Mattie W. Noble, "After the Cholera: Native Testimonies in a Korean Prayer Meeting," *World-Wide Missions*, 1903, 4; 옥성득, 「전염병과 초기 한국 개신교, 1885-1919」, 『종교문화학보』, 2020, 1-36.

있으며(과학과 종교의 조화), 정신병은 궁극적으로 신앙의 부족 문제(종교의 최종성)라고 보았다.[20] 그의 견해처럼 대다수 한국 기독교인들은 귀신 들림 현상을 단순한 정신병의 문제로 보지 않고 영적인 문제로 보았다. 곧 질병 원인론에서 세균론으로 귀신론을 배격했으나, 동시에 귀신 들림이나 정신병을 영적인 문제로 보는 관점도 유지했다.

신체관에서는 노동의 가치를 높이고, 스포츠와 체조를 도입하여 건강을 증진하고 남성적 힘과 단체정신을 고양했다. 동시에 서양의 세균론과 더불어 기계적 신체관이 도입되면서 전통적인 몸 내부의 양생보다는, 몸 밖의 세균을 죽이고 들어온 병자를 격리시켜 병균을 죽이는 입원 치료법으로 인해, 환자는 가족을 떠나 낯선 병실에 격리되었다. 전염병이 유행할 때 정부는 지역 방역을 위해 통행을 차단하고 환자는 피난처에 격리했다. 1909-1910년 만주 역병이 창궐하자 일제는 압록강 국경을 봉쇄하고 여행을 금지했다. 이런 의료적 통제는 정치적 통치 기제로 작동했다.

개신교의 문명론이 싸운 적은 무지와 미신, 불결과 질병, 간음과 공창, 술과 담배(阿片煙) 등이었다. 개신교의 노력에도 불구하고 식민지 조선은 여전히 문맹률이 높고, 미신이 횡행하며, 나병 치료를 위해 인육까지 먹고, 공창과 인신매매가 성행하고, 모르핀(刺身鬼)과 술 중독자가 넘치는 사회였다.[21] 총독부는 문명론에서 주도권을 잡는 동시에 우민 정책을 구사

---

20 Edmond W. New, *A Doctor in Korea: The Story of Charles McLaren, M. D.*, The Australian Presbyterian Board of Missions, 1958, 28.

21 1928년 한국인 모르핀 중독자는 1만 명에 달했다. "Morphine Addicts in Chosen," *The Seoul Press*, June 6, 1928.

하여 민중의 독립 의식 성장을 차단했다. 개신교는 1910년대부터 문명론의 주도권은 상실했으나, 총독부의 우민 정책과는 싸웠다.

3. 개신교의 변혁성

개신교의 문명화 프로젝트와 연결된 사회 개혁은 봉건적 요소의 개혁이었다. 1917년 이광수가 말한 예수교가 조선에 준 은혜는 기독교 문명의 변혁성을 대변했다. 곧 ① 서구 지식 전달, ② 도덕 향상, ③ 근대 교육 확산, ④ 여성 지위 향상, ⑤ 조혼 폐지, ⑥ 한글 보급, ⑦ 신사상 보급, ⑧ 개인 가치 옹호 등이었다.[22] 조혼과 처첩제 금지와 교육을 통한 여성 인권의 향상과 더불어, 현모양처 주부와 직업을 가진 첫 신여성을 배출했다. 이는 남성 민족주의자들이 근대 국가를 만들기 위해 추구한 이상이기도 했다. 이광수가 언급하지 않은 것으로, 기호 양반의 차별을 받던 서북인의 지위 향상, 농민과 상인 등 중하층의 중산층으로의 상승, 백정과 노예의 양민화 등 사회계층 변화도 중요했다. 정치 개혁 문제는 다음 항에서 다루겠다.

개신교는 개화기와 일제강점기에 발생한 신분 변화의 한 동력이었다. 교회 옆에 세워진 학교를 사다리로 삼아 신자 자녀들은 중산층으로 올

---

22 孤舟, 「耶蘇教의 朝鮮에 준 恩惠」, 『靑年』 9, 1917, 13-18; "The Benefits Which Christianity Has Conferred on Korea," *The Korea Mission Field* 14(2), 1918, 34-36.

라가갔다. 다른 선교지에서도 개신교 선교는 중하층을 교육하여 중산층과 엘리트층으로 상승시켰는데, 한국에서는 '신흥 중산층(newly rising middle class)'이 교회의 주류를 이루었다. 서북 지역에서는 상인(의주, 평양, 개성의 상인)과 사업가(광산업자, 공장 소유자)가 교회 지도자가 되었고, 서울이나 인천과 같은 도시에서는 글을 아는 '지적인 노동자(intelligent laboring people)'인 "상인, 부동산 업자, 농부, 거간, 정부의 하위 관리, 주사, 필사, 서기, 왕실의 하위 관리, 고위 상류층 집에 거하는 식객들"[23]이 교회에 가입했다.

서울의 중앙 정부와 경기 충청 양반들로부터 차별을 받은 서북인의 불만은 1811년 홍경래의 난에서 폭발했다. 19세기 말 평안도와 황해도에 동학과 개신교가 들어와서, 시골 농민은 동학에 가담하고, 도시 상인은 개신교회에 가입했으며, 황해도에는 천주교 세력도 성장했다. 1894년 전라도에서 동학이 일본군에 참패한 후, 황해도의 동학 북접은 항일전쟁에 참여했으나 실패했다. 동학 잔당의 일부는 개신교로 개종했는데, 개신교가 무력 사용에는 반대했지만, 동학혁명의 개혁 의제에 동의했기 때문이었다. 동학 접주였던 김구와 방기창이 그런 인물이었다.

---

[23] G. H. Jones, "The People of Korea," *The Gospel in All Lands*, Oct. 1892, 465-466. 서울의 달성교회(상동교회)와 새문안교회의 교인은 이들 도시의 신흥 중산층이 대부분이었다. 참고, "Korea," *Seventy-seventh Annual Report of the Missionary Society of the Methodist Episcopal Church*, 1895, 244; *Official Minutes of Annual Meeting of Korea Mission of MEC*, The Methodist Publishing House, 1898, 45; 이광린, 「개화기 관서지방과 개신교」, 『한국개화사상연구』, 일조각, 1979, 239-254; 윤경로, 「1900년대 초기 장로교회의 치리와 초창기 교인의 사회 경제적 성향」, 『한국기독교와 역사』 창간호, 1991, 96-101.

서북 지역의 반일 민족 운동과 반봉건 사회 운동은 1905-1910년 애국계몽 운동과 부흥 운동의 결합으로 표출되었고, 1911-1913년 일제에 의해 조작된 105인 사건으로 탄압을 받았으나, 지하 재조직기를 거쳐 1919년 3.1 운동으로 폭발했다.

서울에서는 1893년 11월 설립된 곤당골(美洞)교회에서 양반의 노동, 백정의 해방이 시작되었다. 한 씨는 31세의 양반 무관으로 교인 중에 가장 고관이었으나, 무어 목사와 함께 거리에서 성경과 소책자를 판매하며 전도했다.[24] 현직 양반이 상놈처럼 노동/상업을 하는 것은 조선 신분제에서 획기적인 변화였다. 1894년 11월 20명의 세례교인 중에는 한 씨와 농부 천광실 외에, 부자 4명, 거부 1명, 관리 2명이 포함되어 있어 다수가 도시 중산층이었다. 그러나 1895년 4월 백정 박성춘(朴成春, 1862-1933)이 세례를 받고 입교하자, 양반들은 예배당 좌석 분리를 요구하고, 무어가 거절하자 교회를 떠났다가 대부분은 다시 돌아왔다. 그들은 서로 '형제'라고 불렀다.

서울에서 시작된 백정 해방 운동에는 곤당골교회 선교사 무어와 제중원 의사 에비슨, 곤당골교회 교인 박성춘이 핵심 역할을 했다.[25] 예배당 좌석에서 반상(班常)과 귀천(貴賤)의 구별을 없애면서 의례적 평등이 시작되었고, 고종의 시의인 제중원 원장 에비슨 의사가 백정 박성춘을 치료해 주면서 의료적 평등이 시작되었다. 1894년 갑오개혁의 신분제도 철

24　Samuel F. Moore, "An Incident in the Street of Seoul," *The Church at Home and Abroad* [hereafter *CHA*], Aug. 1894, 119-120.

25　옥성득, 「선교사 무어의 복음주의 선교 신학」, 『한국 기독교와 역사』 19, 2003, 31-76.

폐에는 백정이 포함되지 않았으나, 박성춘, 무어, 에비슨의 탄원으로 백정도 5백 년 만에 상투를 틀고 갓을 쓰면서 풍속적 평등이 시작되었다. 박성춘이 1898년 독립협회의 만민공동회 연사로 나서서 관민 합심과 만민 평등을 외침으로써 천민 출신도 공적 공간에 나서게 되었다. 그 아들 박서양이 1908년 세브란스의대를 졸업하고 의사가 되어 양반가의 처녀와 결혼하면서 사회계층적 평등이 시작되었고, 박성춘이 1911년 곤당골교회가 재편된 승동교회에서 장로로 안수를 받고 양반 장로들과 함께 시무하면서 교회 정치적 평등의 문이 열렸고, 1918년 박서양 의사가 간도로 이주하여 한인 치료와 독립운동에 참여함으로써 반봉건 의식과 민족 독립운동이 결합되었다. 그러나 곤당골교회에 백정의 수가 급증하자, 양반들은 천민과 동석할 수 없다며 1895년 5월 '백정 교회'를 떠나 소광통교 부근에 홍문수골(弘門洞)교회를 자급으로 마련하고 독립했다. 1898년 홍문동교회의 화재로 두 교회는 연합했으나, 1899년 전차 부설과 연관된 교회 부동산 처리 문제로 선교사 공의회와 대립하면서 1902년 17명이 출교되고,[26] 구리개 제중원병원으로 재편되었다. 이어 남대문 밖에 세브란스병원이 설립되면서, 제중원교회는 승동교회로 발전했다. 한편 연동교회에서도 양반 교인들은 천민과 함께 예배드릴 수 없다며 안동교회를 설립했다. 평민과 천민은 교회를 통해 계층 상승을 이루었으나, 양반들은 특권을 인정해 주지 않자 양반 교회를 만들었다. 그들은 남녀유별의 내외 풍습을 따라 예배당에 병풍 등으로 남녀석을 구별했듯이, 귀천 구별

---

26 「홍문동례비당」, 『그리스도신문』, 1902.2.27.

의 풍속을 따라 양반석을 구별해 줄 것을 주장했다. 그러나 19세기에 신분제가 무너졌고 갑오개혁이 이를 공식화한 마당에 양반 교회 분립은 시대의 흐름에 역행하는 교회 분리 행위였다. 1894-1904년 10년간은 신분제 변화와 도시 발전에 따른 부동산 문제로 교회가 분열과 연합을 경험한 시기였다.

개신교 근대 선교의 개혁성을 보여 주는 중요한 지표는 여성 인권 향상이었다. 교회와 여학교를 통해 문맹률을 낮추고, 성경을 읽고 공부하며, 초등 교육 이상을 받게 하여, 자신의 이름과 정체성을 가진 개인을 만들었다. 학교 교육은 서구인이 아닌 한국인이 되도록 하되, 근대 국가의 여성상인 교육받은 현모양처, 곧 자녀를 건강하게 양육하고 기독교 가정을 경영하는 부인을 지향했다. 나아가 교사와 간호원과 같은 직업을 가진 여성을 훈련했으며, 조혼과 처첩제를 금지했다. 그레이스 리(李具禮)의 경우에서 보듯이, 여종이었으나 서울 보구여관에서 일하며 이화학당을 졸업하고, 1907년 간호원양성소 졸업반 학생 때, 혼인 후에도 간호원으로 일하는 조건으로 계약하고 전도사와 결혼함으로써, 평등한 부부 관계와 전업 직장인 생활을 했다. 그녀는 한국의 첫 간호원이 되었으며 평양에서 더 공부하여 첫 여자 의생(醫生, 한의사) 자격증을 얻고 산파 조산부가 되었다. 남편이 독립운동을 하다가 감옥에 갇히자 그를 옥바라지하며 자녀도 양육했다.[27] 전도부인 중에는 1907년 제주도에, 1910년대에는

---

27 옥성득, 「초기 개신교 간호와 간호교육의 정체성: 1903년에 설립된 보구여관 간호원양성학교와 에드먼즈를 중심으로」, 『한국 기독교와 역사』 36, 2012, 211-212.

간도에 신교사로 파송되어 활동한 자도 있다. 여사 교인들은 1908년 국채보상 운동에 참여하여 전국적 조직력을 기르고, 1911년 105인 사건 때 수감자를 위한 부인회를 운영한 후, 애국부인회 등을 조직하여 1919년 3.1 독립운동에 참여했다. 이들 직업여성, 전도부인, 애국부인은 1920년대 신여성의 선구자들이었다.

개신교는 한글을 재발견하고 한글 출판 문화를 형성하여 사회 변혁의 기초를 제공했다. 민중어인 한글을 전용하는 성경과 신문, 소책자를 활판소에서 대량 인쇄하고 반포하여 문맹 퇴치에 앞장섰다. 또 주일학교와 사경회를 통해 성경을 집중적으로 공부하고 집단 토론회를 함으로써 민주주의의 기초를 마련했다. 나아가 책과 신문을 통해 신학문을 제공하고 역사의식을 일깨웠다. 한영사전들을 보면 언더우드가 편찬한 1890년 『한영자전』은 8만 4천 개 항목이었으나, 1897년 게일이 편찬한 『한영자전』에는 3천5백 개의 어휘, 1911년에는 5만 개의 어휘, 그리고 마침내 게일의 『한영대자전』(1931)은 8만 개의 어휘를 수록했다. 근대어 항목의 증가는 한국인의 사고와 지식의 확대를 상징했다. 다수의 어휘는 일본어에서 채용했지만, 기독교 용어도 증가했다. 1910년대에 일본어로 교육을 받은 청소년들이 늘어나면서 한문/국한문 세대나 한글 세대와 다른 일본어 세대가 등장하면서, 1920년대부터 언어 문화적으로 이질적인 두 세대가 갈등했다. 개혁의 속도가 둔화되고 교회의 문화 지체로 인해 갈등은 교회 분열로 귀결되었다.

4. 개신교와 민족성

개신교가 국가와 민족의 운명과 함께하며 일제에 저항한 정치적 근대성인 민족주의를 살펴보자. 조선왕국은 유교를 국가 이념으로 삼고 다른 종교를 억압, 통제하는 체제였다. 따라서 개신교의 정치적 근대성은 1884-1893년 첫 10년간 종교의 자유, 곧 동아시아 정치에 낯선 국제법에 따른 '정교분리' 개념을 도입하고 기독교 고유의 공간을 확보하는 노력에서 출발했다. 1894-1901년 국가 위기 상황에서는 정부의 개혁 정책을 지지하는 '충군 애국'적 활동을 전개했고, 잠시 정치와 거리를 두다가, 1905년 이후 교육과 부흥을 통해 '애국계몽' 운동을 확산시키면서 '항일 투쟁'에 참여했다. 첫 단계에서는 선교의 자유 확보, 둘째 단계에서는 부패 관료에 대한 항의와 그 부작용인 교폐(敎弊)의 방지, 세 번째 단계에서는 기독교 민족주의의 형성이 관건이었다. 그러나 마지막 단계에서 민족성과 더불어 일제에 협조하고 충성하는 제국성도 존재했는데, 이 이중성은 이전 단계에서 정부에 협조한 교회가 문명화의 논리를 가진 일제 통치를 지지하면서 발생했다. 그러나 105인 사건 등 일제의 무단 통치의 실상을 경험하면서 1919년 3.1 독립운동에 참여하는 민족 교회가 되었다.

먼저 개신교 선교의 자유 문제를 보자. 개신교 선교사들은 1882-1883년의 한미조약과 한영조약 이후에 내한하였으므로, 조약이 허락하는 개항장과 주변 3마일 내에서 자유롭게 종교 집회를 할 수 있었으나, 내륙 선교는 허락되지 않았다. 직접적이고 개방적인 선교, 곧 선교사의 공개적인 노방 전도나 내륙에서의 전도와 부동산 구매가 금지된 상황에서, 대안은 한국인의 자전(自傳)이었으므로 네비어스 방법을 채택했다. 1894년 5월 평양에서 선교사를 대신해서 부동산을 구매한 감리교인 김창식과 장로교인 한석진 등이 투옥되는 사건이 발생했으나, 선교사의 요청을 받은 영미 영사관의 개입으로 석방되고, 평양감사는 선교사들에게 보상금을 지급했다. 그 결과 서울에 거주하면서 왕실이나 내각과 친하고 치외법권을 가진 양대인 선교사가 지방 정부의 관리보다 더 높은 권세를 가졌다는 인상을 주었다.

1894-1895년 청일전쟁 기간 일본 불교와 신도의 사제들이 서울과 평양 성안으로 들어오자, 그동안 승려의 입성을 금지한 법이 무력하게 되었다. 전쟁 후에는 일본인 상인이 진남포와 평양에 진출하여 부동산을 구매해도 정부가 통제하지 못하자, 최혜국 조항에 따라 선교사들도 지방에 상대적으로 자유롭게 여행하고, 한국인의 이름으로 부동산을 구매하기 시작했다. 1895년 북감리회 감독 닌드(William X. Ninde)에게 고종은 더 많은 선교사가 와서 한국인을 교육하고 환자를 고쳐 주기를 바란다고 말했다. 에비슨은 이를 사실상 기독교 선교 허용으로 해석했다.[28]

그러나 정국이 급변하자 미국 공사관은 1897년 5월 선교사들에게 정치에 개입하지 말고 선교 본연의 임무에 충실할 것을 명령했다. 상하이

---

28 S. A. Moffett, "Our Korean Evangelists," *CHA*, June 1895, 487; O. R. Avison, "Pen Pictures of the New Korea," *CHA*, Sep. 1895, 213.

주재 북감리회 감독 크랜스턴(Earl Cranston)은 1898년 9월 서울 연환회에 참석한 후 통상 교회에게 보내는 편지에서 정치 불간섭을 권면했다. 알렌 공사의 노력으로 1899년 5월 1일 기독교 박해 금지와 평양 지역 선교 자유에 대한 정부의 훈령이 발효되었다.[29] 그러나 1901년 북장로회 브라운 총무가 방한했을 때 법적으로 완전한 선교의 자유는 없었다.[30] 조선 정부가 끝까지 붙잡고 있던 종교의 자유는 통감부 시절에 허용된다.

개신교의 정치 참여에 따른 부작용인 교폐와 교안(敎案) 문제를 보자. 청일전쟁 후 개신교가 급성장하고, 을미사변, 아관파천, 독립협회 조직, 대한제국 성립, 의화단 사건이 이어지면서 정세가 급변하자, 교회는 충군 애국적 활동으로 허약한 왕실과 정부의 근대화 노력을 지지했다. 협성회, 독립협회, 만민공동회, 청년회는 고종의 황제 탄신 경축회와 조선 개국 기원절 경축회를 열고, 태극기 게양, 애국가 작사, 거리 행진, 토론회, 연설회 등 시민운동을 전개했다. 그러나 1890년대는 매관매직이 성행하고 정부가 와해되던 시기였다. 1898년 말 고종은 황국협회를 이용하여 만민공동회와 독립협회를 해산하고 개혁 세력을 탄압했다. 정부의 개혁 동력이 사라지고 통치권이 무너지자, 각자도생하는 관리들은 불법적인 징수로 토색을 일삼았다. 그 결과 지방에서 주민들은 생명과 재산을 보호하기 위해서 치외법권을 가진 선교사들이 있는 프랑스교(천주교), 희랍교(러시아 정교), 미국교(개신교)에 가입했다. 징세나 소송 문제에서

---

29 "Religious Liberty in Korea," *The Assembly Herald*, June 1899, 330.

30 A. J. Brown, *Report of a Visitation of the Korea Mission of the Presbyterian Board of Foreign Missions*, The Board, 1902.

소극적 지원만 하던 개신교 선교사들과 달리 교인들의 이익을 위해 적극적 정치 개입을 표방한 천주교와 희랍교에 교인들이 몰려들었다.

선교사들은 학습제도를 마련하고 입교 절차를 강화하는 동시에 교회를 정치의 도구로 삼는 것을 금했다. 위에서 언급했듯이 중국의 크랜스턴 감독은 1898년 9월 서울 연환회 참석 후, 스크랜턴(W. B. Scranton) 감리사, 아펜젤러, 존스, 노블 목사와 함께 보낸 목회 서신에서 정치 불간섭을 권면했다. 교회의 힘으로 소송에서 이기고, 빚을 받아 내고, 남을 압제하는 협잡꾼들이 있었기 때문이다.

> 하향에 있는 무례지배가 우리 교를 침략하고 남을 압제하며 법 외에
> 산송(山訟)과 빚 받는 일과 별 협잡이 무상하니 어찌 한탄할 일이 아니
> 리오. 다시 강권하노니 모든 교 형제들은 이런 일을 삼가 막을지니라.
> 우리 교 형제들은 빚 받는 것이든지, 산송이든지, 국법에 의당(宜當)한
> 일이라도 교를 칭탁(稱託)하지 말고, 자기 권리로 하되 남을 압제치 말
> 며, 내가 해를 볼지언정 억지로 하지 말 것이며, 정부 법령을 순종하
> 여, 교회에 해되는 일이 호말(毫末)이라도 없이 교회를 보전하고[31]

선교사들의 노력에도 불구하고, 서북 지역에서는 관찰사와 군수가 불법적으로 징수하고 재산을 빼앗자, 교인들은 적극적 행동에 나섰다. 그들은 내부대신에게 항의 서한을 보냈다.[32] 이런 상황에서 돈으로 군수직

---

31 「통상 교회의게 한 편지」, 『대한크리스도인회보』, 1898.11.2.

을 산 양반들은 평안도에 부임하기를 꺼렸다.[33]

> 이번에 새로 난 북도 군수 중에 어떤 유세력한 양반 한 분이 말하되,
> "예수교 있는 고을에 갈 수 없으니 영남 고을로 옮겨 달라" 하니 어찌
> 하여 예수교 있는 고을에 갈 수 없느뇨. 우리 교는 하나님을 공경하고
> 사람을 사랑하는 도라. 교를 참 믿는 사람은 어찌 추호나 그른 일을 행
> 하며 관장의 영을 거역하리오. 그러나 관장이 만약 무단히 백성의 재
> 물을 빼앗을 지경이면 그것은 용이하게 빼앗기지 아니할 터이니, 그
> 양반의 갈 수 없다는 말이 이 까닭인 듯.[34]

평안도 기독교인의 반봉건적 민권 의식의 표출이었다. 그러나 앞의
목회 서신과 함께 읽는다면, 그 배후에 교회의 정치화와 그것이 타락했
을 때 발생하는 교폐 문제가 숨어 있었다. 천주교의 교폐가 이어지고, 희
랍교도인 양감찰과 김응호가 작폐하자 정부는 수백 명을 체포하고 엄벌
하는 상황이었다.[35]

1900-1901년 정세는 더 급하게 돌아갔다. 중국에서 반외세 반기독교
를 표방한 의화단 사건이 발생하여 수십 명의 선교사와 수천 명의 교인

---

32 「哀此無辜」,『皇城新聞』, 1899.10.16.
33 1900년 말 장로교회 세례교인 3,930명 중 북장로회가 3,630명이었고, 평안도에는 2,240명으
로 61%를 차지했다. 「교회 됴사」,『그리스도신문』, 1901.5.16.
34 「내보」,『대한크리스도인회보』, 1899.3.1. 필자가 현대어로 옮김.
35 「잡보」,『그리스도신문』, 1901.3.21; 1901.4.4; 1910.4.11.

이 살해되었다.[36] 압록강 연안 서간도의 한인 예수교인도 다수가 순교했다.[37] 한국에서도 반미 친러 세력이 이를 모방하여 황제 칙령을 조작하고 기독교인을 몰살하려는 음모를 꾸몄으나, 언더우드에 의해 사전에 발각되면서 비극은 면할 수 있었다. 음모를 꾸민 김영준은 인천 영종도 매각과 관련 각 공관에 익명의 투서로 반대파 고관을 음해한 것이 발각되어 1901년 3월 교수형에 처했다. 황해도에서 개신교도들이 교회 마당에 붉은 십자기를 게양하고 자구책에 나서자, 관리들은 그 깃대를 쳐서 넘어뜨렸다. 한 교도가 『그리스도신문』을 편집하던 서울의 게일 목사를 찾아와 "깃대를 한번 장하게 일으켜 세우면 사람사람이 다 구름 모여들 듯 하려니와 한번 쳐서 넘어트리면 하나도 없어지겠다"라는 계획을 밝혔다.[38]

1901년 4-5월 한국을 방문한 브라운 총무는 역사가 어린 한국 교회의 정치 참여를 자살 행위로 보고 전면 금지했다. 『그리스도신문』은 교인들이 송사나 나랏일에 간섭하고 세상일에 지나치게 관심하는 권력 지향적 태도를 비판했다.[39] 1901년 9월 장로회 공의회는 선교사의 정부 일 불간섭을 선언하고, 교회는 정치 단체가 아니므로 예배당에서 정치를 논하지 말라고 금지했다.

---

36 중국의 무어 감독은 문중국 교회의 피해를 알리고, 아시아 교회가 같은 형제로서 동고동락해야 하므로 중국 교인을 위해서 긍휼 연보할 것을 권면했다. 「감독의 편지」, 『신학월보』, 1900.12, 25-26.

37 「외국 통신」, 『그리스도신문』, 1901.7.18.

38 「긔딕의 의론」, 『그리스도신문』, 1901.5.9.

39 「교회의 여러 모양」, 『그리스도신문』, 1901.6.13; 「전도실」, 『그리스도신문』, 1901.8.1.

교회는 성신에 붙은 교회요, 나랏일 보는 교회 아닌데, 예배당이나 회당 사랑이나 교회 학당이나 교회 일을 위하여 쓸 집으로 나랏일 의론하는 집은 아니요, 그 집에서 나랏일 공론하러 모일 것도 아니요, 또한 누구든지 교인이 되어서 다른 데서 공론하지 못할 나랏일을 목사의 사랑에서 더욱 못할 것이오.[40]

이는 정교분리 선언이 아니라, 교회, 병원, 학교가 정치의 공론장으로 변하는 것을 막고, 교회에서는 국사를 논하지 못하도록 규제하는 조치였다. 이 노력은 부흥 운동으로 발전했다. 1901-1903년 중부 지방에 가뭄으로 흉작이 이어지자 각설이와 화전민과 도둑이 늘었다. 국가 재정은 고갈되었고 지방관의 부패는 증가했다. 1900년 제주교안에 이어, 황해도 종교 시장을 놓고 경쟁하던 천주교와 개신교 간의 갈등 속에 1902년 해서교안(海西敎案)이 발생했다. 승리한 신교로 사람이 몰리면서, 이후 개신교인의 수는 천주교인 수를 앞질렀다. 황해도 연백 지역에 교회가 증가하면서, 선교사의 치외법권과 교회의 힘을 상징하는 붉은 십자기를 높은 깃대에 게양하는 예배당이 증가했다. 강원도에서 활동하던 남감리회의 하디(Robert Hardie) 목사는 교회의 정치화를 막기 위해서 십자기 게양을 금지하고, 1904년 원산 부흥을 계기로 부흥 운동에 돌입했다. 신비파 선교사들(원산의 하디, 송도의 콜리어와 저다인, 평양의 모리스, 노블, 리, 번하이슬 등)이 부흥 운동을 주도하자, 교육과 의료에 종사하던 문명파 선교사

---

[40] 「장로회 공의회 일긔」, 『그리스도신문』, 1901.10.3.

들은 이를 방조했다. 교회 성장에 정치적 거품이 발생했으므로 이를 제거할 필요가 있었기 때문이다.

1905년 을사늑약 후 통감 이토는 한국 북감리회를 관할하던 일본 주재 해리스(M. C. Harris) 감독에게 "정치상 일체의 사건은 불초 나에게 맡기고, 금후 조선에서 정신적 방면의 계몽 교화에 관해서는 바라건대 귀하들이 맡아 주시오. 이렇게 될 때만이 조선 인민 유도 사업이 비로소 완벽하게 이루어질 것입니다"라고 제안했다.[41] 이는 정교분리가 아니라, 기독교가 정치에 관여하지 않아야 한다는 주문이었다. 총독부는 여러 종교를 지원하는 당근으로 상호 경쟁을 유도하고, 각종 법률의 채찍으로 종교의 비정치화를 도모했다. 동아시아에서 정부는 언제나 종교를 통제하고 신도들이 백성의 의무에 충실하도록 요구했다. 식민 정부에 우호적이었던 선교본부 총무나 선교회 감독의 지시를 따라야 했던 현장의 선교사들은 일제를 지지하며 한국 식민지화를 비판하지 않았다. 선교회 공의회는 교회의 비정치화를 위해 부흥 운동을 전개했다.

그러나 한국인들은 영적 각성을 통해 정치적 각성으로 나아갔다. 선교회의 정책과 어긋나는 길이었다. 한국인들은 애국'계몽' 운동으로 교육 운동, 부흥 운동을 전개하면서 한편으로 항일 운동에 참여했다. 부흥 운동을 통해 영적으로 각성한 이들은 교육 운동으로 차세대에게 민족주의 신앙을 심어 주려고 노력했다. 을사늑약이 강요되자 일부 교인들은 항의 상소를 올리고 죽기를 각오하고 '그리스도의 병사'로서 거리 시위에

---

41 朝鮮總督府, 『朝鮮の統治と基督敎』, 朝鮮總督府, 1921.

나서 투석전을 벌이다 감옥에 갔으며,[42] 전국 교회는 위국 기도회를 드렸다. "한국은 장차 예수 신교를 통해 일어설 것"이라는 신문 사설도 등장했다.[43] 1907년 정미의병에 대해 고종의 요청으로 교회 지도자들은 선유사 활동에 참여하는 한편, 항일 운동의 일환으로 시장세 반대 운동, 친일파 처형(이완용 자상, 스티븐슨 총살 등)에 참여하고, 이토 통감 처형에도 가담했다.

1907년 평양 대부흥 후 서북 교회가 비정치화되거나 세상사에 무관심하지는 않았다. 나라가 식민지로 전락해 가는 상황적 요인도 작용했지만, 교회는 '기독교 민족주의'를 강화했다. 그 사례를 세 가지만 살펴보자. 첫째, 1908년 『대한매일신보』는 평양의 마페트 목사가 "신문이나 새 서적은 세상 학문이므로, 교인으로서는 읽을 것이 못 된다. 예수만 믿어야 천국 백성이요, 하나님의 자녀다"라고 설교했다고 고발한 기고문을 실었다.[44] 신문사가 다시 조사해 보니 불신자가 만든 가짜 뉴스였으므로, 신보는 정정 기사를 게재했다.[45] 마페트는 예수교 서원을 설치하고 서적을 보급했을 뿐만 아니라, 종람소(열람소)를 설치하여 누구나 신문과 잡지를 볼 수 있도록 했다.

둘째, 105인 사건은 1세대 평안도 개신교인의 민족주의를 방증했다. 1911년 10월 12일 평북 선천의 신성중학교 학생 2명이 총독 살해 음모죄

---

42 「警告耶蘇信徒」, 『大韓每日申報』, 1905.12.8.
43 「韓國은 將由耶蘇新教而立」, 『大韓每日申報』, 1905.9.29.
44 「牧師悖說」, 『大韓每日申報』, 1908.4.26.
45 「悖說是誤傳」, 『大韓每日申報』, 1908.4.28.

로 체포되면서 시작된 '조선 음모 사건'은 1912년 9월 28일 서울지방법원 1심에서 기소된 122명 중 105인이 고문에 의해 날조된 증거로 유죄 판결을 받았다. 1913년 11월 대구고등법원에서 99명이 무죄 방면되고, 1915년 2월 수감 중이던 나머지 6명이 특별 사면령으로 석방되면서 사건은 마무리되었다. 1912년 6월에 기소된 122명을 보면, 선천 23명, 정주 22명, 가산 14명, 철산 10명, 곽산 7명, 의주

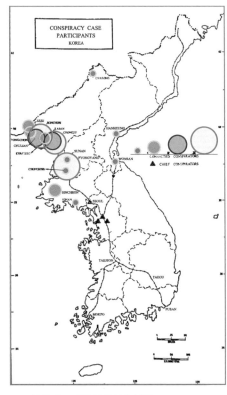

___ 총독 음모 사건의 참가자 분포

5명, 용천 4명, 운산 1명, 자성 1명(평북 87), 평양 23명, 순안 1명, 중화 1명(평남 25), 신천 4명, 연안 1명(황해 5), 함흥 1명, 경성 4명 등으로 평안도 거주자가 112명(91.8%)이었다.[46] 지리학자인 섀넌 맥큔 교수는 부친이 연루된 이 사건을 다음과 같이 지도로 표시했다.[47] 지도에서 보이듯이 이

---

46 윤경로, 「105인사건과 기독교 수난: 기소자 122인의 인물 분석을 중심으로」, 이만열 외 편, 『한국기독교와 민족운동』, 보성, 1986, 300-301.

47 Shannon McCune, "The Testing of a Missionary: George Shannon McCune and the Korean

사건은 합병 후 총독부 정치에 가장 큰 걸림돌인 서북 기독교인 민족주의자들을 제거하기 위해 조작된 프로젝트였다.

지도에서 선천, 정주, 평양에서 체포된 자가 많은 이유 중 하나는 그곳에 기독교 중학교(선천 신성중학교, 정주 오산중학교, 평양 숭실중학교)가 있었기 때문이다. 기독교인 교사와 학생들 다수가 투옥되었는데, 총독부는 기독교 중학교를 한국 민족주의의 온상으로 보았다. 사실 이때 수감된 학생들과 교사들과 연관 인물들이 3.1 운동의 주역이 되었다.

셋째, 3.1 운동이다. 1919년 3월 말에 작성한 것으로 추정되는 "3.1 운동 계보도"(2019년 3월 KBS가 발굴 보도)를 보면, 읍이나 도시를 담당한 조는 평안도가 유일하며, 정점에 정주의 교인 이승훈이 있었고 조직책들은 모두 개신교인이었다. 즉 평양(平壤)조(길선주, 신홍식, 손정도), 의주(義州)조(이원익, 손문정, 김두칠, 홍하순, 김이순, 안정웅, 강용상, 조상섭, 조보근, 김병룡), 정주(定州)조(조만식, 조철호, 김영렬, 박기준, 이윤영), 선천(宣川)조(이명룡, 양전백, 유대여, 김병조)로 구성되어, 서울과 같은 날인 3월 1일 가장 먼저 만세운동을 전개했다. 밑줄 친 이들은 목사로서. 평양과 선천은 모두 목사가 조원이었다. 이들은 대개 105인 사건 때 감옥에 갔거나 그 가족이 피해를 본 자들로, 1910년대 기독교 민족주의가 사라지지 않고, 지하조직을 강화한 후 독립운동으로 부활했음을 알 수 있다. 상하이 임시정부 초기 참여자 중 평안도 출신 기독교인이 많았다.

1919년 3월 20일부터 몇 주 동안 평양 숭실중학교 학생들은 마페트 목

Conspiracy Case of 1910-1913," *Soong Jun University Essays and Papers* 12, 1977.

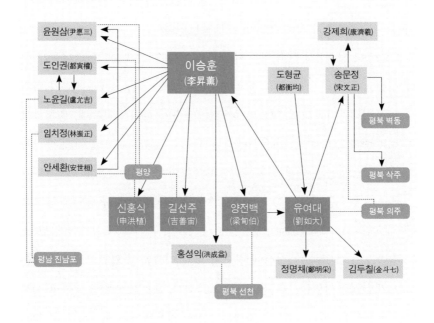

윤원심(尹愿三)
도인권(都寅權)
노윤길(盧允吉)
임치정(林蚩正)
안세환(安世桓)

이승훈(李昇薰)

도형균(都衡均)
송문정(宋文正)
강제희(康濟羲)

평북 벽동
평북 삭주

평양
평북 의주

신홍식(申洪植)
길선주(吉善宙)
양전백(梁甸伯)
유여대(劉如大)

홍성익(洪成益)

평남 진남포

정명채(鄭明采)
김두칠(金斗七)

평북 선천

___ 3.1 운동 평안도 조직도

사 서재에서 지하 신문인 『독립신문』을 발행하고, 친일파 감독 해리스 목사와 군수들을 비판하고, 철시에 참여하지 않는 상인들에게 경고하며, 민족자결론과 독립사상을 고취했다.[48] 이들을 숨겨 준 교사 모우리 선교사는 4월 4일에 체포되어, 10일 1심에서 유죄 판결을 받고 벙거지를 쓰고 수감되었으며, 19일 2심에서 6개월 징역형을 선고받았으나 19일에 석

48 옥성득, 「1919년 3월, 평양의 3·1독립운동과 〈독닙신보〉」, 『기독교사상』, 2020, 138-152. 평양 경찰은 1919년 4월 4일 숭실대 모우리 선교사와 마페트 사택을 수색했다. 그때 마페트의 집에서 『독닙신보』가 발각되었다

방되었다. 평양 개신교는 1919년까지 비정치화되지 않았다.

5. 개신교의 혼종성

중국에서 전례 논쟁을 거친 후 천주교는 예수회의 보유론을 버렸고, 19세기 조선에서 조상 제사를 거부하고 수많은 순교자를 양산했다. 개신교는 19세기 말 무교, 도교, 불교에 대해서는 배타적인 태도를 보이면서, 유교에 대해서는 상대적으로 유연한 태도를 취한 진보적 복음주의 선교사들이 존재했다. 가톨릭이 17세기의 포용적인 예수회의 입장에서 18세기에 배타적인 도미니칸과 프랜시스칸의 입장으로 선회했다면, 개신교는 반대로 19세기에 전통 종교를 개신교로 대체하는 승리주의 입장에서, 20세기에 기존 종교와의 접촉점을 찾아 유기적으로 결합하는 성취론(成就論)으로 나아갔다. 한국 선교는 후발 주자의 이점을 살려 유불선 삼교에 대한 중국과 일본에서 이루어진 타 종교 신학을 수용하되, 이런 이중적인 입장을 조화시켜 나갔다. 기독교의 토착화로 인해 개신교는 30년 만에 30만 명으로 급성장했으며,[49] '한국 기독교'로 발전했다.

1880-1890년대에 내한한 개신교 선교사들은 20대 청년으로서 동아시아 종교에 대한 이해가 부족했기 때문에, 기존의 유불선과 새로운 기

---

[49] G. H. Jones, "Presbyterians and Methodists in Korea," *International Review of Mission* I-4, 1912, 412.

독교의 차이를 강조하고, 유교의 제사를 조상숭배로, 무교의 굿을 귀신 숭배로, 불교의 예불을 우상숭배로 규정하고 파괴하려고 했다. 그러나 10년 이상 한국의 종교 문화와 역사를 경험하면서 그 가치를 인정하게 되었다. 1886년에 내한한 애니 엘러스(Annie Ellers Bunker)가 40년 후에 고백한 말이 다수 선교사들의 생각이었다.

> 나는 한국에 올 때 이곳에 있는 사람들은 이교도이며, 예배할 때 나무와 돌에 절하는 것 외에는 알지 못하는 무지한 자들이라고 생각했다. 나는 그들의 고대 문명, 높은 수준의 문화, 다양한 예술 능력에 대해서 배우지 못했었다. 그들의 세련됨, 타고난 위엄, 자존심, 겸손을 배우지 못했다. 사실 내가 무식한 자였다. … 한국인은 인생의 아주 많은 분야에서 매우 앞서 있다. 그는 우리의 존경과 감사와 사랑을 받을 가치가 있다.[50]

특히 초기 한국 개신교가 사용한 한문 기독교 서적들은 기독교와 기존 종교 간의 혼종성을 보석과 금줄로 만든 목걸이, 접목, 한 거리의 소, 해와 등불, 동전의 양면 등의 이미지로 표현했다. 마틴(William Martin)의『천도소원(天道溯原)』은 유교의 인륜인 오륜이 보석이라면, 기독교의 천륜(유일신 사상)은 이 보석을 일이관지하는 금줄과 같아서 함께 아름다운 목걸

---

50 Annie Ellers Bunker, "Personal Recollections of Early Days in Korea," Charles A. Sauer ed., *Within the Gate*, YMCA Press, 1934.

이를 만들 수 있다고 주장했다. 원시 유교에 있던 수륜(首倫)인 하나님과의 관계를 회복하면 인간관계도 바로잡을 수 있다고 보았다.

신종교인 개신교가 토착화하는 과정에서 혼종이 일어난 분야는 교리(삼위일체, 유일신론, 구세주론, 성령론, 귀신론), 의례(제사, 예배, 기도), 문서(번역) 등 다양하지만,[51] 가장 중요한 유일신 용어인 하ᄂᆞ님(하나님)의 창출 과정을 크게 네 단계로 살펴보자. 첫째, 로스가 1882-1883년 하느님/하나님을 채택했다. 만주에서 한글 성경을 번역한 로스는 스코틀랜드 장로회 소속으로, 중국 선교사 출신으로 옥스퍼드대학교 종교학 교수가 된 제임스 레그(James Legge)와 같이, 불교에 의해 타락한 신유교 이전의 원시 유교의 상제(上帝)를 성경의 엘로힘과 동일한 유일신으로 수용했다. 그가 상제를 수용한 종교학적 근거는 초기 유교에 유일신인 상제를 섬기는 전통이 경서에 남아 있다고 본 '원시 유일신론'이었다. 선교 신학 이론에서 보면 그것은 1910년 전후에 유행한 '성취론'이었으며, 현지의 종교와 역사 배경은 만주 도교였다. 만주 도교의 상제(玉皇上帝) 관념과 믿음에는 최고신 개념과 유일신 흔적이 있었다. 로스는 한 도교 사원의 주지와 요한복음 1장에 관해 대화하면서, 그가 요한복음의 상제와 도교의 조화옹인 상제를 동일한 창조주로 보고 있음을 알게 되었다. 로스는 1877년에 발간한 한국어 입문서 *Corean Primer*에서는 하느님을 사용하지 않았으나, 1878년 재판에서 God에 상응하는 용어로 하느님을 채택했다. 1882년에 발간한 첫 한글 복음서인 누가·요한복음에서도 하느님을 사용했다. 그

---

51 옥성득, 『한국 기독교 형성사』, 새물결플러스, 2020 참고.

러나 1882년의 *The Korean Speech with Grammar and Vocabulary*에서 하나님을 채택한 후, 성경 번역에서 1883년부터 하나님으로 표기를 바꾸었다. 그 의미는 여전히 '하늘+님'이었다. '아래아'의 철자법만 'ㅡ'에서 'ㅏ'로 바꾼 결과였다. 로스는 하나님이 상제와 동일한 유일신이지만, 당대 한국인들이 믿고 기도하는 대상인 점에서, 유교 옛 경서 안에 문자로 죽어 있는 중국의 상제보다 더 낫다고 믿었다.

둘째 단계는 서울 선교사들의 신과 천주를 배격하고 하ᄂ님을 사용한 것이었다. 서울에 온 북미 선교사들은 이수정이 일본에서 채택한 신(神)을 포기했는데, 한국에서는 귀신으로 오해했기 때문이다. 대신 로스의 하나님을 수용하되, 서울 표기인 '하ᄂ님'을 사용했다. 그 배후에는 1882년에 발간한, 한국에 관한 내한 선교사들의 교과서와 같았던 그리피스의 *Corea, the Hermit Nation*이 있었다. 그리피스는 레그의 상제설을 소개하고 한국에서도 비슷한 유일신명(곧 하ᄂ님)이 존재한다고 언급했다. 그러나 언더우드는 '하ᄂ님'이 다신교인 무교의 최고신으로 고유 명사이므로 배격하고, 일반 용어인 텬쥬(天主)를 선호하면서, 샹쥬(上主)나 텬부(天父) 등의 용어를 실험적으로 사용했다. 그는 가톨릭, 성공회, 개신교가 함께 천주를 쓰면 교회 연합에 유리하다고 보았다. 반면 다른 선교사들은 점차 하ᄂ님으로 의견 일치를 보았다. 1895-1904년 10년간 "텬쥬(천주)냐 하ᄂ님이냐"의 논쟁은 게일이 하늘의 어원에서 하늘(天)과 한(大)과 한(一)을 찾아내고, 헐버트가 단군 신화에서 환인은 성부, 성령 환웅과 웅녀 사이에 태어난 단군은 신인으로 성육신한 성자에 유비된다는 삼위일체론적 해석을 제시하면서 전환되었다. 『독립신문』이 하ᄂ님을 사용한 것도

하ᄂᆞ님 채용에 영향을 주었다. 언더우드는 한국의 건국 신화들을 연구한 결과 고대 한국에 계시로 주어진 하ᄂᆞ님에 대한 원시 유일신 신앙이 있었고, 현재 그 흔적이 남아 한국인이 예배한다는 주장을 수용했다. 천주를 주장하던 유일한 선교사였던 언더우드가 1904년경 하ᄂᆞ님을 수용하자 용어 문제가 해결되었다.

셋째, 새 용어 하ᄂᆞ님(하나님)의 창출이다. 1905년 전후에 만들어진 하ᄂᆞ님은 ① 일제의 보호국으로 전락하던 국가 위기에 등장한 단군 민족주의를 촉매로 하여, ② 단군 신화에 녹아 있던 원시 유일신 신앙이라는 신화적 요소와, ③ '하늘'의 초월성+'한'의 위대성+'하나'의 유일성의 의미를 지닌 어원에 대한 해석학적 요소가 합금된 새 용어(일반 명사)였다. 이 하ᄂᆞ님 신앙으로 한국 기독교인은 다신론인 일본 국가신도와 투쟁하면서 독립 국가를 수립하려고 노력했는데, 이것이 식민지 시대 기독교 민족 운동이었다. 동시에 이때 개정 철자법이 논의되면서 게일, 주시경, 윤치호 등은 아래아를 없앤 간단한 맞춤법을 지지했는데, 개성 한영서원 교장 윤치호가 편찬한 『찬미가』(1908)에 실린 애국가를 보면 하나님을 사용하고 있다. 출판된 첫 애국가에 사용된 하나님은 바로 신(新)용어로서의 하ᄂᆞ님이었다. 이후 하ᄂᆞ님이 철자법 개정으로 '아래아'를 없앨 때 하나님으로 표기되었다. 그러나 이 하나님은 단순히 하나+님이 아니라, 하늘의 초월성과 위대성이라는 토착성, 개신교의 유일성이라는 정체성, 민족 운동이라는 역사성이 결합된 한국 개신교 특유의 용어였다. 이런 새 용어를 토대로 개신교는 급성장했다.

넷째, 개신교의 하ᄂᆞ님을 대종교가 차용했다. 1990년대 대종교에서 개신교가 대종교의 하느님을 도용했다고 소송했다.[52] 민족 종교인들은 하나님이나 하느님이 한국인의 고유한 천신이자 유일신인데, 개신교가 이를 표절했고, 한국인에게 정신적·영적 피해를 주었으므로, 사용할 권리가 없다고 주장했다. 그러나 위에서 살펴보았듯이, 이미 1904년 전후에 개신교가 고유 명사 하느님(하ᄂ님)에서 개신교의 유일신 하ᄂ님(하나님)으로 환골탈태시킨 용어인 하ᄂ님을, 1910년 전후에 조직된 민족 종교들이 진화한 근대 종교(기독교)의 특징으로 간주된 유일신을 자신들도 확보하기 위해서, 오히려 개신교로부터 빌려 갔다고 보아야 한다. 개신교의 '하ᄂ님'은 한국 고유의 '하느님'과 차별성을 가지는 용어였다. 1990년대에 대한성서공회는 위에 설명된 하나님의 5중 성격을 잘 밝히지 않았음에도 승소했다. 그만큼 하나님은 개신교의 하나님이 되어 있었고, 한글 성경의 하나님은 1880년대부터 저작권을 가진 성서공회 출판물에 채용한 용어였기 때문이었다.

재정리하면 다음 도표처럼 하나님(하ᄂ님)은 한중일의 용어 논쟁 과정에서 다양한 용어들이 합류하고, 1900년 전후 한국의 역사적 상황 속에서 여러 용어와 경쟁하고 혼합하면서 만들어진 새로운 용어였다. 고유 명사 하느님은 개신교의 세례를 받아 새로운 용어로 중생했다. 토착 신명인 하느님에게 준 세례의 물에는 한국 고대인의 원시 유일신론(로스,

---

52 1994년 세계인류성도종에서 제소한 '하느님의 명칭 도용 및 단군성조의 경칭 침해 배제 청구' 건이었다. 재판은 『개역한글성경』의 저작권을 가진 대한성서공회의 승소로 마무리되었다. 법원은 성도종에서 주장한 한국인의 정신적 피해를 증명할 것을 요구했으나, 그 피해를 증명할 수 없었다.

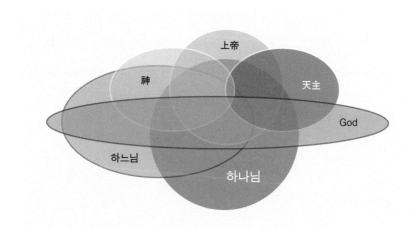

_____ 용어 하나님(하ᄂ님)과 다른 신명들과의 관계

그리피스, 언더우드 등), 단군 신화의 삼위일체론적 해석(헐버트), 유일신론적 어원 해석(게일), 단군 민족주의(주로 평양의 개신교인들)가 용해되어 있었다. 그 결과 하ᄂ님은 1905-1910년 기간에 토착성(하늘에 계시는 거룩하신 창조주요, 만인에게 해를 비추시고 비를 내리시는 자비의 하나님), 원시 유일성(한국인들이 태고 때부터 섬기고 기도해 온 고유의 최고신), 삼위일체성(하나님과 그의 영과 한국인의 시조인 단군의 관계 속에 계심), 어원적 유일신(한없이 크신 하ᄂ님으로 天/大/一의 속성을 가지신 하나님), 역사성(위대하신 하나님은 1905년부터 일제 식민주의와 신도의 다신주의와 대항한 단군 민족주의의 하나님)을 가진 용어였다. 하ᄂ님은 한국 기독교의 근대 프로젝트가 발굴하고 만들고 다듬은 유일신이었다. 하나님의 창출은 개신교가 한 지역 문화 언어권에 들어갔을 때 발생하는 번역성, 토착화, 혼종성을 잘 보여 준 사례였다. 한국 근대사에서 개신교는 전통적 요소를 수용하면서 토착화

했고, 신종교(천도교, 대종교)는 개신교의 유일신과 같은 근대적 요소를 수용하면서 근대 종교로 진화했다. 현재 개신교가 사용하는 하나님은 일반 명사(새 용어)이면서 장기적 사용 결과 어느 정도 고유 명사화된 용어이다.

결론

한국 개신교는 19세기 말 20세기 초 동서의 만남과 근대와 전통의 절충으로 만들어졌다. 한국 개신교의 근대성은 당대의 시대적 과제와 더불어 형성되는데, 앞에서 정리한 이주성, 문명성, 변혁성, 민족성, 혼종성 등 크게 다섯 가지로 드러났다. 이들 특성은 상호 작용 속에서 복잡한 층위를 형성했는데, 각각의 특성 안에서도 그 반대 방향으로 나아가면서 갈등하는 이중성의 긴장이 있었다. 이주성 측면에서 서울에서 평양으로, 선천에서 서간도로, 함흥에서 북간도로 한국 개신교 영성의 무게 중심이 북쪽으로 이동한 것이 중요했다. 그 흐름은 해방 이후 역전되어 서울과 남한으로 내려왔다. 이주성과 더불어 한 지역 사회에 토착화하는 과정이 뒤따랐다.

문화적 근대성인 반봉건 근대화는 학교와 병원 등을 통해 서구 기독교 문명을 소개함으로써 구현되었다. 사회적 변혁성은 백정과 노비의 해방과 하층민의 중산층 상승으로 증명되었다. 나아가 여성 교육, 조혼 금지, 처첩제 반대, 금주 금연을 통해 여성 인권을 향상하고 기독교 가정을 형성했다. 한글을 재발견하고 기독교 출판 문화를 이루어 문맹을 퇴치하고 계몽된 민중을 형성함으로써 민주주의의 기초를 마련했다. 이런 사회 변혁을 이끌던 개신교는 1920년대에 중산층의 지위를 고수하기 위해 보수화되면서, 사회주의나 신여성의 여성해방 운동에 반대했다. 교회의 보수화와 노령화는 청년층과의 갈등을 낳았으며, 결국 근본주의적인 1세대와 자유 진보주의의 2세대 간의 대립은 해방 후에 교단 분열을 초래했고 교회는 세속화로 타락했다.

정치적 근대성은 반제 항일 독립 국가 수립이라는 정치적 과제에 대한 기독교 민족주의로 전개되었다. 1907년 대부흥 운동으로 각성한 교회는 105인 사건과 3.1 운동 때 민족과 함께 고난을 받으며 독립 국가를 상상하고 임시정부에 참여했다. 고국을 떠나 하와이, 캘리포니아, 서간도, 북간도, 시베리아로 이주한 한인 디아스포라 교회는 신앙과 민족 정체성을 고취하고 독립운동에 참여했다. 그러나 일제강점기에 기독교는 식민지 근대성에 함몰되는 모습도 보였으며, 결국 신사참배 문제로 훼절했다.

종교적 근대성은 용어 문제를 통한 유일신 하느님 창출의 예에서 보듯이, 전통적인 하느님을 수용하면서도 새로운 기독교 유일신 신앙을 확립하는 혼종성과 토착화를 그 특징으로 했다. 개신교는 전통 종교 문화를 수용하면서 배제하는 복잡한 과정을 거치면서 토착화하고, 반면 한국의 전통 종교들은 기독교적 요소를 수용하면서 근대적 종교로 진화하는 과정 속에 신종교들을 창출했다.

근대 한국은 한국 개신교를 만들었고, 한국 개신교는 그 역사적 생성 과정에서 자유와 평등을 추구하는 개인과 공동체를 만들어 근대 한국의 창출에 기여했다. 이주성과 토착성, 문명성과 전통성, 변혁성과 보수성, 민족성과 식민성, 혼종성과 배타성이 공존하면서, 이들의 긴장이 무너지는 1920년대 후반부터 한 세대 동안 한국 근대 종교들은 타락과 변절의 시기를 보내게 된다. 그 2세대 이야기는 다른 논문이 다루어야 할 것이다.

기독교(들)와
한국 근대의 구상

김건우
대전대학교 국어국문창작학과

■ 이 글은 Kun-woo KIM, "Protestantisms and the Design of South Korea," *Korea Journal* 60, no. 4 (winter 2020), The Academy of Korean Studies, 2020의 한국어 초고를 보완한 글입니다.

들어가며

한국을 대표하는 작가 중 한 사람인 황석영은, 1990년대 북한을 방문한 후(정부의 허가를 받지 않았다) 한국에 돌아와 수감 생활을 겪고 나와 『손님』(2001)이라는 제목의 소설을 발표했다. 여기서 작가는, 한민족에 '근대'를 싣고 들어온 두 '손님들'이 있다고 했다. 기독교와 공산주의를 가리키는 비유였다. 이 소설의 배경은, 한국전쟁기 황해도 신천군에서 수만 명이 사망한 '신천 사건'이었다. 황석영은 취재 결과, 신천 사건이 미군의 학살이라는 북한의 선전과는 달리, 이 사건의 진상이 신천 지역의 기독교인과 공산주의자들 간에 벌어진 살육전이었다고 했다.

한국전쟁기에 있었던 신천 사건은 분단된 민족 현대사의 축도와도 같은 것이었다. 이념형을 기준으로 놓고 볼 때, '공산주의-좌익-북한'이라는 하나의 축과, '(   )-우익-남한'이라는 또 하나의 축. 이 빈칸에 들어갈 어휘는 자유주의도 민주주의도 되기 어려웠다. 잘 알려져 있듯, 이승만 이후 전두환 정권기에 이르기까지, '자유주의'나 '민주주의'가 남한 사회를 실질적으로 규율하는 이념으로 기능한 적은 없었다. 신천 사건이 보여 주는 바와 같이, 북의 공산주의에 대응되는 남쪽의 대립항은 기독교였다. 기독교는 2차 대전 후 한국이라는 한 신생 국가를 형성하는 중요한 기반이었다. 사실, 이미 구한말 이후 일제 시기 내내 기독교는, 우익 민족주의의 주요 배경이었다.

그러나, 기독교가 한국 사회를 형성한 기반 축이었다는 이런 진술이 틀린 말은 아님에도 그 자체로 '충분하지는 않다.' 나는 한민족을 찾아온 기독교라는 '손님'이 하나가 아니었으며, 각기 다른 옷을 입고 다른 길로 들어온(적어도 '세 갈래 길'로) '손님들'이었다는 것, 이들이 오늘날 한국 사회를 각기 다른 방식으로 디자인했다는 것을 말하고 싶다. 이 '손님들'은 누구인가.

내가 한국 기독교에 관해 이야기하고 싶은 것은, 한국 현대사를 통해 여러 '기독교들'이 있었다는 것이다. 사회 역사적인 차원에 국한해 얘기한다면, 나는 흔히 하나로 간주되는 그냥 '기독교'는 없다고 생각한다. 분단 이전 서북에 근거를 둔 보수 기독교는 이후 남으로 내려와 한국 사회 보수 우익의 기반을 형성했다. 교단으로 보면 예수교장로회에 속하는 이 세력은 강고한 반공 이데올로기를 특징으로 하며 친미 보수의 사상적 젖줄이 되었다. 미국 북장로교의 강력한 영향 아래 있었던 이 세력 외에, 다른 기독교 중 하나는 캐나다 기독교에 바탕을 두고 독일 기독교의 지원으로 성장한 관북, 북간도 출신의 기독교 세력이었다. 한국 기독교 진보 진영을 형성한 이 세력이 이후 한국 사회가 전향적으로 디자인되는 데 중요한 역할을 했다는 점을 이야기해 둔다. 또 하나 주목해야 할 하나의 기독교는 '무교회주의'로 이름 붙일 수 있는 일본 기독교의 영향을 받은 기독교이다.[1] 우치무라 간조와 가가와 도요히코로 대표되는 일본 기독교가 한국 사회에 끼친 영향은 일반에서 알고 있는 것보다 훨씬 크다. 이 '기독교들'은 각기 다른 기능으로 한국 사회를 디자인했다.

1. 미국을 통해 들어온 서북 기독교와 자아개조 민족주의

2차 대전에서의 일본의 패전은, 한반도와 만주를 덮고 있던 일본의 우산이 걷히고 북위 38선 이남에 미국의 우산이 드리우는 것을 의미했다. 그런데 오늘날 학계에서는, 이미 해방 이전 일제 시기 때부터, 보다 이르게는 구한말부터 한반도에서 서북 지역을 중심으로 미국화가 진행 중이었다는 견해들이 있다. 해방 전 미국화 과정에서 기독교 선교는 그 중심에 있었다. 교육과 의료를 앞세운 기독교는 근대화의 기본이자 첨병으로 인식되었다. 조선에서는 1885년 개신교 선교 이래 첫 5년간의 성서 보급률이 중국의 50년간의 보급률보다 높았으며, 일본의 최초 12년 선교 성과를 단 2년 만에 달성했다는 보고가 있다.[2] 그 중심이 서북이었다.

---

1 무교회주의의 특성상 정확한 비율을 산출하기는 어렵지만, 오늘날에도 일본에는 '무교회' 신자가 상당수 존재하는 것으로 집계된다. 일본의 여론 조사상 기독교도의 수(500만 명)는, 제도 교회의 공식 신자 수의 5배 이상이라는 보고도 있다. 박영원·김영남, 『일본 문화와 기독교』, 대학생성경읽기선교회, 2009, 182.
2 유선영, 「대한제국 그리고 일제 식민지배 시기 미국화」, 김덕호·원용진 편, 『아메리카나이제이션』, 푸른역사, 2008, 70.

1885년 시작된 한국의 개신교 선교 이래, 널리 알려진 바와 같이 선교 지역 분할 협정이 있었다. 미국 북장로교와 남감리교는 각각 한반도 서북 지방(평안도, 황해도)과 기호 지방(경기도, 충청도)에 근거지를 두고 세력을 형성했다. 이승만(훗날 한국의 초대 대통령)과 윤치호를 지도자로 하는 기호파와, 안창호를 독보적 지도자로 하는 서북파 간의 갈등에 대해서는 이제 많이 알려져 있다. 미국 한인 사회 내에서 시작되었던 이승만계와 안창호계의 갈등은, 1920년대 이후가 되면 국내 우익 민족주의 지식인층 내에서도 본격화되었다고 한다.[3]

그런데 두 파벌 사이의 갈등보다 이 글에서 중요한 것은, 미국 교단들을 통해 들어온 이 기독교가 가지는 '사회개조 모델'이 무엇이며, 그것이 실질적으로 해방 후 한국 사회를 어떻게 디자인했는가 하는 점이다. 케네스 웰스(Kenneth Wells) 교수가 '자아개조 민족주의(self-reconstruction nationalism)'라 이름 붙이고,[4] 마이클 로빈슨(Michael Robinson) 교수는 '문화적 민족주의(cultural nationalism)'라 규정했던[5] 모델이 바로 이것이다.

---

3 안창호의 서북파는 기호파의 뿌리가 조선조 이래 기득권층에 있다고 보고 이들이 새 사회 건설에 걸림돌이 된다고 판단했던 듯하다. 이 문제에 대한 보다 상세한 논의는 윤치호, 김상태 편역, 『윤치호 일기 1916-1943』, 역사비평사, 2001을 참고하라.

4 케네스 웰스의 '자아개조 민족주의'는, 정치로부터 일정 정도 떨어진 종교 문화의 자율적인 공간 안에서, 기독교적 가치와 삶의 방식을 구현하고 민족의 정신적 도덕적 회복과 사회 문화적 능력을 배양하여 민족을 재건하고자 하는 운동 이념으로 정리할 수 있다. 최영근, 「근대 한국에서 기독교와 민족주의 관계 연구」, 한국기독교신학논총 104, 138-139. 케네스 웰스의 원저, *New God, New Nation*은 김인수 역, 『새 하나님 새 민족』, 한국장로교출판사, 1997로 번역되었다.

5 '한국의 문화적 민족주의'는, 서양을 모델로 한 세계주의를 표방하면서 근대적 지식 엘리트가 주체가 되어 교육 계몽을 통한 정신개조를 기반으로 민족의 문화 사회 경제적 자강을 목표로 하는 이념으로 규정된다. 김건우, 『사상계와 1950년대 문학』, 소명출판, 2003, 57. 마이클 로

이미 구한말 『독립신문』 등에서 기독교인들은, 도덕적 차원의 변화가 사회 구조와 경제의 변화를 야기할 것이라고 생각했다. 1920년대에 들어와 자아개조주의를 주장한 두 대표적 개신교 단체가 수양동우회와 흥업구락부였다. 기호 지방을 중심으로 하는 흥업구락부에 비해, 보다 가시적이고 적극적인 활동을 펼친 집단이 안창호의 흥사단 국내 조직인 수양동우회였다.[6] 안창호계는 일제 시기에 걸쳐 이 노선을 가장 강력히 고수한 측이었으며, 흥사단은 그러한 자아개조 사상을 구체화한 대표적 조직이었다. 이 그룹은 '개인'의 정신개조라는 모델, '무실역행'과 '실력양성론'으로 대표되는 개조론의 모델을 제시했다.

안창호는 정치적 상황을 변화시키는 것보다 민족의 힘을 기르는 방향으로 나아가고자 했다. 더하여 민족의 힘은 개개인의 역량을 강화하는 데에서 시작해야 한다고 생각했다. 또한 개인의 역량 강화를 위해서 가장 기본으로 확고한 정신성, 도덕성이 뒷받침되어야 한다고 믿었다. 다음 흥사단 입단 문답에서 그런 생각이 잘 나타나 있다. "흥사단은 정권과는 상관이 없다고 생각합니다. 언제까지나 수양 단체로 있어야 한다고 생각합니다." "정치보다도 수양이 근본이 됩니다."[7] 구조 변혁을 통해, 그러니까 생산관계의 변화라든가 법제의 변화를 통해 세상을 바꿔 나가는 방식이 가진 한계를 말하면서, 개인의 정신성을 근본적으로 뒤바꾸거

빈슨의 원저, *Cultural Nationalism in Colonial Korea, 1920-1925*는 김민환 역, 『일제하 문화적 민족주의』, 나남, 1990으로 번역되었다.

6   케네스 M. 웰스, 김인수 역, 『새 하나님 새 민족』, 한국장로교출판사, 1997, 187.

7   정주아, 『한국 근대 서북문인의 로컬리티와 보편지향성 연구』, 서울대 대학원 국어국문학과 박사 학위 논문, 2011, 112.

나 개조함으로써 사회가 바뀔 것이라는 믿음을 보여 준 진영, 한국 사상 운동사에서 '정신적이고 종교적인' 성격의 개조 모델을 제시했던 진영이었다.[8]

모두가 알고 있듯, 3.1 운동 이후 1920년대에 이미 훗날 남북 분단의 뿌리가 배태되었다. 식민지 시기 항일 투쟁 노선에서 좌우익 간의 오랜 대립이 있었고, 그 연장선에서 해방기 좌우익은 각각 다른 나라 만들기의 그림을 제시했다. 끝내 분단을 결과하는 과정에서, 월북과 월남을 통해 진영 재편이 일어났다(한국전쟁은 그 진영 재편의 완결이었다). 안창호는 해방 전 사망했지만, 안창호의 후예들은 해방이 된 후 북에 공산주의 정권이 들어서자 남쪽으로 대거 내려왔다.

한반도 서북에서 월남한 이들은 지주, 상공인 집안의 자식들이었고 대개 기독교인들이었으며, 신의주 학생 사건 등 월남 이전에 해방기 북에서 기독교와 공산주의 간의 '전쟁'을 충분히 보았던 터였다. 또 이들 중 다수가 일제 시기 평양을 근거지로 하고 있던 도산 안창호의 실력양성론과 사상적으로 이어져 있었다. 교육과 계몽을 통해 민족의 힘을 기르는 것, 일제 시기 독립의 방략으로도 제시되었던 이 모델이 새로운 나라 만들기의 중요한 밑그림 중 하나가 되었다.

이 계보를 잇는 존재가 한국전쟁 후 1950년대 중반에 등장한 엘리트 집단, 곧 '사상계' 그룹이었다. 일제하 안창호계를 중심으로 하는 서북의

---

8 다음 장에서 보겠지만, 한신 그룹은 이런 개인 중심적 접근에 근본적인 문제가 있다고 보았다.

문화적 민족주의는, 학계의 연구에 의해 1950년대 '사상계' 지식인 그룹으로 그 계보가 연결되는 것으로 드러났다.[9] 한국전쟁 후 한국의 근대화 플랜을 펼쳐 보였던 매체 『사상계』의 편집위원 출신 분포에서도 이 계보는 단적으로 입증된다. 1950년대 『사상계』 편집위원진은 장준하를 포함하여 전체 30인가량이었다. 이 가운데 3분의 2 이상이 이북 출신이었으며 그것도 평안도 출신이 대부분이었다. 그 대다수가 기독교인이었다.

해방 후 매체의 역사에서 지식인 사회에 가장 큰 영향력을 가졌던 잡지가 『사상계』라는 사실에는 별 이론의 여지가 없다. 지난 십수 년간 한국 학계에서는, 전후 지성사에서 『사상계』가 가지는 중요성을 인식하고 집중적인 연구를 벌여 왔다. 이에 따라 『사상계』가 전후 지식인의 집적체이며 단순한 잡지 차원을 넘어 1950-1960년대 대한민국의 싱크탱크 역할을 하였음이 드러나게 되었다. 단적인 예로, 5.16 쿠데타 직후 국가재건최고회의 산하 자문 단체인 기획위원회를 구성하기 위해 당시 군정 세력들이 『사상계』를 펴놓고 필요한 인물들을 망라해 위원으로 충당하는 일도 있었다.[10] 『사상계』 필진들이 당대 지식인 사회를 주도하던 최고 엘리트라는 인식이 당시에도 광범위하게 존재했던 것이다.

장준하로 대표되는 이 그룹[11]이 그린 한국 사회의 미래상은 아주 체계

---

9 김건우, 『사상계와 1950년대 문학』, 소명출판, 2003의 2장을 참고하라.

10 홍석률, 「1960년대 지성계의 동향」, 한국정신문화연구원 편, 『1960년대 사회변화연구』, 백산서당, 1999, 199.

11 비교적 젊은 '30대 엘리트들'로 구성된 이 그룹을 후원하던 인물이 백낙준이었다. 백낙준은 평안북도 정주 출신으로 장준하의 선천 신성중학교 선배였다. 신성중 교장 맥퀸(George S. McCune, 한국명 윤산온(尹山溫)) 선교사의 도움으로 유학, 미국 파크대에서 역사학을 전공하고 프

적이면서도 구체적이었다. 이 그룹이 1955년 제출한 어젠다를 보자. 사상계 그룹은 다음 5개의 어젠다를 제시했다. '민족의 통일', '민주 사상', '경제 발전', '새로운 문화 창조', '민족적 자존심'이다. '민족의 통일'과 '민족적 자존심'은 분단 극복과 식민 잔재 청산의 과제를 가리킨다. 나머지 세 항목, 이것은 이 그룹의 지향이 한국 사회의 총체적 근대화에 있음을 의미한다. 정치적 근대화에 해당하는 것이 민주화라면, 경제적 근대화는 경제 발전(산업화)으로, 문화적 근대화는 새 문화 창조로 구체화되었다. 근대화의 개념을 정치·경제·사회·문화를 포괄하는 넓은 의미로 설정했던 것이다.

요컨대 사상계 그룹의 '근대화' 개념에는 정치 민주화가 당연히 포함되었다. 한국 현대사에서 정치권력이 민주화 세력을 탄압하기 위한 빌미로 '반공'을 사용한 예는 모두가 알고 있듯 너무나 빈번했다. 그런데 사상계 그룹에게 근대화는 반공과 '논리적으로' 함께 가는 개념이었다. 공산주의의 침투를 막기 위해서 사회를 민주화해야 한다는 논리였다. 민주화는 곧 정치적 근대화이며, 한국 사회의 근대화를 이룩해야만 공산주의의 침투를 방지할 수 있다는 생각이 바탕에 있었다. 실제로 1950년대 이승만 정권기에, 사상계 그룹은 공산주의를 막기 위해서 이승만 정권의 독

린스턴신학교, 프린스턴대 대학원을 거쳐 한국인 최초로 예일대에서 철학박사 학위를 받았다. 백낙준은 33세이던 1927년, 미국으로 떠난 지 14년 만에 귀국하여 연희전문에 성경 교수로 부임하였다. 귀국 직전 목사 안수를 받았고 귀국 후에는 조선기독교서회와 YMCA에 깊이 관여하였다. 서북 출신의 백낙준은 흥사단계 우익 민족주의 운동에 참여하기도 했다. 백낙준은 미국에서 이미 안창호의 흥사단에 입단한 바 있었다. 귀국 후 수양동우회원으로 활동했다.

재를 저지해야 한다고 주장했다.

1960년대 중반 무렵『사상계』의 박정희 정권 비판도 같은 논리의 맥락에 있었다. 이 시기 주간을 지냈던 지명관은 최근 2012년 국사편찬위원회와 가졌던 인터뷰에서 이렇게 말했다.

> 민주적인 발전은 안 하려고 하니까, 거기에 대한 비판이지. '근대화의 바른길을 가지고 있지 못하다. 저건 저러다가 파탄되는 정부다.' 이런 식으로 생각하는 거죠. '근대화 노선은 같지만, 박정희 정권이 가는 길이 바른 근대화를 하고 있지 못하다.' 이렇게 해서 이제 저항을 하죠.[12]

이념적으로는 자유주의에 기반을 둔 이 노선이, 미국이라는 국가를 이상적 목표로 설정했다는 사실은 반드시 짚어 둘 점이다. 사상계 지식인들은 국가 이념의 모델로, 구한말 이래 기독교 국가의 모범으로 간주되었던 '미국식' 서구 자유민주주의를 설정하고 있었다. 이는 사상계 그룹이 사실상 미국적 자유주의에 경도되어 있었다는 사실을 뜻한다. 서북기독교는 반공주의와 미국적 자유주의로 전후 한국 사회를 디자인했다. 서북의 후예들이 중심을 이룬 '사상계' 그룹의 성향도 이 맥락에서 이해된다.

이 그룹은 이미 1950년대부터 주한 미 공보원(USIS, 미 문화원)과 밀접하게 교류했으며, 5.16 직후에는 미국과 군부를 중재하기도 했다. 1950년

---

12 국사편찬위원회, 「지명관 녹취록 3차」, 2012, 9.

대 후반 이후 1960년대에 걸쳐 미 문화원은 한국 지식인들에게 근대화론을 소개하는 데 핵심적 역할을 하게 되는데, 이때 사상계 그룹이 중요한 통로 역할을 했다. 1960년대 한국 지식 사회와 정치계에 가장 큰 영향을 끼쳤던 로스토(W. Rostow, 미 행정부 정책 고문)의 근대화론도 『사상계』를 통해 번역되었다. 5.16 쿠데타 직후 미국이 쿠데타 핵심 세력의 사상에 대해 의심하고 있었을 때, 사상계 그룹은 미 대사관과 군부의 중재를 시도하기도 했다. 요컨대 이 그룹은 한국 내 친미 자유주의 계열을 대표했던 것이다.

2. 캐나다와 독일이 키운 관북·북간도 기독교와 중도 사민주의 노선

1890년대 진행되었던 선교 지역 분할 협정으로 한반도 관북 지역(함경도)과 북간도는 캐나다 장로교의 선교지가 되었다. 함경도와 북간도 출신의 월남 기독교인들은 미국 북장로교의 선교 지역인 평안도 황해도 출신에 비해 상대적으로 진보적이고 자유로운 배경 아래서 성장했다. 이들은 월남 후 한국에서 훗날 '한신(韓神) 그룹'을 형성하면서 서북 기독교와는 다른 사회개조 모델을 제시했다. 한신 그룹이 훗날 기독교장로회(기장)로 예수교장로회(예장)에서 분열될 때, 캐나다 연합교회의 지원이 있었다. 1952년 한국예수교장로회 총회에서 김재준이 파직된 것에 격분한 캐나다 연합교회는 새로 분립한 기장의 강력한 후원자가 되었다.

_____ 1981년 당시 평화의교회에서 강의하는 김재준 목사(ⓒ 평화의교회)

　'한신'의 형성은 공식적으로는 1940년 김재준이 한국신학대학(현 한신대)의 전신인 조선신학교를 설립하면서 시작되었다. 일반적으로 한신계라 하면, 좁게는 한신대 신학 교수이던 김재준(학장), 문익환, 문동환, 안병무, 이우정 등을 기본으로 하고, 김재준과 직접적인 인연을 맺으면서 큰 영향을 받았던 인물들, 예컨대 강원용 등을 두루 포괄한다. 말하자면 '김재준과 그 제자들'을 가리키는 용어이다. 그룹의 인물 기반은, 일제 시기 말(1936-1939) 김재준이 만주 용정 은진중학교 교사로 재직하던 시절의 사제 관계로 형성되었다.

　이 그룹의 사회개조 모델은 해방 직후인 1945년 8월 김재준의 강연을 통해 명확히 제시되었다. 1945년 8월 해방이 되자마자 김재준은, 제자들로 구성된 선린형제단 집회에서 「기독교의 건국이념」이라는 제목의 강연을 했다. 이 강연 원고는 해방기의 '나라 만들기' 과제와 관련해 한신의 초기 정치적 구상이 자세하게 드러나 있다는 점에서 중요한 문서이다. 특히 한신이 1960년대 중반 이후 반정부 진영의 선두에 설 수밖에 없었던 많은 논리적 근거를 일찍부터 보여 주고 있어서 의미가 크다. 이 문서는 조선의 현실과 관련된 당면 목표를 제시하는 가운데 다음과 같이 말했다.

> 우리는 우선 신앙과 예배의 자유, 사상·언론·집회·출판의 자유, 개인 양심의 자유를 확보하는 정부만 수립하면 감사할 것이다. 우리는 당면한 문제로 소위 공산주의 운동을 몹시 우려하는 경향이 있음을 잘 안다. 그러나 그것이 사회과학으로 경제기구의 실상을 검토하며 그 더 좋은 재건을 기획하는 점에 있어서 존경할 것이며 그것이 사회과학적 입장에서 객관적 사실을 드러낸 것인 한 우리는 그것을 수락할 의무가 있다. … 즉 상술(上述)한 제 자유만 확보한다면 공산주의 기타 여하한 정부라도 조선의 현실에 비추어 우선 감사히 수락한다.[13]

물론 이 시기는 해방기 북에서 기독교 우익과 공산주의 세력 간의 쟁투가 아직 시작되지 않았던 때이기는 하지만, 일제 시기 이미 서북의 장로교 교인들이 철저한 반공주의의 입장에 있었던 점을 고려할 때 매우 색다른 관점이라 할 만했다. 이 글에서 김재준은 국가 체제의 기본 바탕

---

13 김재준, 「기독교의 건국이념」, 장공 김재준 목사 기념사업회 편, 『김재준전집 1』, 한신대학 출판부, 1992, 163.

을 언급한 뒤, 구체적인 정책 구상을 제시했다. '사회 정책'으로는 소련의 공산주의와 미국의 뉴딜 정책 등을 참고하여 조선의 실정에 맞게 적용할 것을 주문했으며, '국제 정책'으로는 조선의 입지가 중립국의 위치에 있어야 함을 주장했다. 또한, 외국 자본의 침투를 방지하고 외국인의 토지 소유를 불허해야 한다는 점을 강조했으며 교통·통신의 국영화, 누진세 부과, 상속세 강화, 대재벌 세습 방지, 노동자와 농민의 생활·교육·의료의 절대 보장 등 사민주의로 분류될 수 있는 정책을 제시했다.

그러나 김재준의 이런 생각을 당시 좌익에 동조하는 것으로 해석해서는 안 된다. 대한민국 제헌헌법의 기원이라 할 수 있는 1940년 10월 임시정부의 '대한민국 임시헌법'에는, 경제조항에 '계획경제 수립', '대규모 공업 및 광산의 국영화', '토지 사유 제한' 등이 명시되어 있었다. 임시정부 인사들을 포함하여 해방기에는 광범위한 중도파들이 존재했으며, 김재준의 문서도 이 범주에 속하는 것으로 이해될 수 있다. 남한 단독정부 수립을 지지했던 주류 기독교 세력과는 달리, 김재준은 1948년 단독정부 수립에 반대했다. 한국전쟁을 거치면서 김재준의 생각이 다소 '오른쪽으로' 이동한 면이 있는 것은 사실이나, 전쟁 후 1950년대에도 그는, 후일 이념적 신보싱이 야기할 긴장과 갈등의 소지를 한편으로 간직하고 있었다.

김재준의 이 해방기 문서는, 해방 직후 서북의 청년 장준하가 김구와 이범석 휘하에서 활동하던 그때, 장준하와 비슷한 연배에다 같은 월남 기독교인에 속했던 김재준의 제자 강원용은 김규식과 여운형 진영에서 청년 조직 활동을 벌이고 좌우합작위원회에서 활동했던 이유를 설명해 준다. 해방 직후 강원용은 조선신학교 학생으로서 김규식계에서 청년 정치 활동을 병행했다. 1946년 봄 강원용은, 여운형 휘하의 김용기(후일 가나안농군학교 설립)와 '기독교 사회주의 동맹'을 결성하여 위원장을 맡기도 했다. 1947년 6월에 김규식의 추천으로 서른의 젊은 나이에 좌우합작위원회 정식 위원으로 임명되었다.

해방기 한신 그룹이 취한 중도 통합 노선은, 분단과 전쟁을 거치면서 남북 모두에서 사라진 것처럼 보였던 정치적 중도 노선의 계보가 훗날까지 살아 있었던 것으로 해석될 여지를 보여 준다. 1950년대 이후 세계교회협의회(WCC)와 긴밀한 관계를 맺으면서, 또 1960년대 이후 독일 기독교의 강력한 물적 지원을 받으면서 이들은 세력을 보존했다.

미국 교단의 절대적 영향 아래 있던 한국 주류 기독교 풍토에서, 김재준의 또 다른 제자 안병무는 독일 교회와 한국 교회를 잇는 역할을 했다. 1970년대 한국 민주화 운동에 대한 독일 교회의 막후 지원이 있었던 데는 안병무의 영향이 절대적이었다. 나아가 안병무는 독일 교회의 지원으로 '한국적인' 신학의 창출을 시도했다. 1973년에 설립한 한국신학연구소가 그 공간적 중심이 되었다.

한신 그룹이 1960년대와 1970년대에 걸쳐 한국 사회 민주화 운동의 가장 중심에 서 있었음은 여러 연구가 뒷받침한다. 운동 조직의 차원에서 보자면, 강원용은 그중에서도 중핵을 이룬다. 당시 강원용은 이미 세계적인 기독교 지도자로 이름을 알렸다. 강원용이 세계적인 명성을 얻은 데에는 그의 WCC 활동이 있었다. WCC와의 인연은, 강원용이 뉴욕 유니언신학교에 입학한 1954년 미국 에번스턴에서 열린 WCC 2차 총회에 참석하면서 시작되었다. 강원용은 1961년 뉴델리 WCC 3차 총회에서 '교회와사회위원회' 위원으로 선임되면서 본격적으로 국제적인 활동 무대에 나섰다.

동서와 남북으로 쪼개진 국제 사회의 분열을 치유하고 교파와 교리를 넘어 교회 일치 운동을 주창하며 시작된 WCC는, 1948년 암스테르담 창립총회 선언문에 다음과 같은 문장을 포함하고 있었다.

> 기독교회는 공산주의와 자본주의 양자의 이데올로기를 거부해야 하며, 또 양극단 중 하나를 택하는 것이 유일한 대안이라는 잘못된 가정으로부터 사람들을 벗어나게 해야 한다.[14]

이런 WCC의 중도 통합 노선이 이후 1950년대 후반 한국 교계에서 월남 보수 우익 기독교 세력에 의해 '용공주의'로 비난받게 되고, 급기야 WCC 가입 문제로 대한예수교장로회 내부에서 '통합(가입파)'과 '합동(비가입파)'으로 교단이 분열하는 결과를 낳게 되었다.[15]

안병무의 역할과는 별도로, 강원용도 독일의 원조를 끌어왔다. 독일의 든든한 지원을 업고 강원용은 지신외 구상을 구체적으로 실행해 나갔다. 강원용은 독일 크리스찬아카데미의 지원을 받아 1962년 한국에서 기독

---

14 여해에큐메니컬포럼 편, 『VOICES 빈 들에서 외치는 소리』, 대한기독교서회, 2013, 228.
15 김재준의 한신 그룹은 이미 그 이전인 1953년, 예수교장로회로부터 분립하여 새로운 교단인 기독교장로회를 형성했음은 앞서 언급했다. 예장 합동파와 통합파, 그리고 기장은 오늘날 한국 장로교 3대 교단을 이룬다.

교사회협의체 크리스찬아카데미(정식 발족 1965년)를 설립해 두고 있었다. 아시아기독교협의회(EACC) 회장이 된 이듬해인 1974년, 강원용은 당시 재야 최대 기구인 민주회복국민회의 대표위원으로 이름을 올리면서 크리스찬아카데미 수원 사회교육원에서 '중간 집단 교육'을 시작했다.

크리스찬아카데미의 '중간 집단 교육'은 일종의 활동가 양성 교육이었다. 중간 집단 교육의 목표는 사회 각 부문의 중간급 리더와 운동가를 양성하는 것이었다. 1974년에 시작해 1979년 '크리스찬아카데미 반공법 사건'으로 끝나기까지 약 5년에 걸쳐 진행되었던 중간 집단 교육은 노동자, 농민, 여성, 학생, 종교의 5개 분과로 운영되었다. 이 교육이 한국 사회 운동사에서 가지는 의미는 대단하다. 김세균, 신인령, 김근태, 천영세, 이우재, 한명숙, 윤후정 등 1970년대 이후 진보 진영의 '지도급' 인사들 거의가 중간 집단 교육 프로그램의 교육 담당자이거나 교육생 출신이었다. 강원용의 크리스찬아카데미는 한국 사회를 전향적으로 디자인하는 '산실'에 해당했다.

1960년대 중반으로부터 1970년대에 걸친 한신의 민주화 운동은 정치적으로 중도 노선의 입지가 완전히 사라지지 않았던 것으로 해석될 가능성을 보여 준다. 말하자면, 1960-1970년대 한국 사회의 진보 이념의 뿌리가 해방기 중도파에 있었던 것으로 해석될 수 있다는 것이다. 한국 사회를 구상하는 이념적 입지에서 중도 노선이 여전히 존재했다는 것, 한신은 해방 후 역사의 주류가 실제로 보여 주었던 것과는 '다른 방식'으로 근대에 대한 기획이 여전히 가능하다는 것을 입증하였다. 분단과 전쟁 이후 남과 북 모두에서 사라진 것처럼 보였던 '나라 만들기'의 기획 하나가 기독교 운동의 형태로 한신을 통해 전승되고 있었던 것이다.

3. 일본에서 들어온 무교회주의 기독교와 반(anti)-국가주의 노선

이 장에서 서술하는 내용은 앞의 두 계열과 견주어 사회적 영향력 면에서 비교 불가할 정도로 약할지 모르나, 지성사적으로는 대단히 중요한 의미가 있다. 일본 무교회주의 기독교의 태두 우치무라 간조[內村鑑三]의 조선인 제자들이 1927년 식민지 조선에 들어온 또 하나의 기독교가 있다. 1927년 7월, 일본에서 유학을 마치고 돌아온 조선인 6명이 조그만 잡지 하나를 만들었다. 『성서조선(聖書朝鮮)』이라는 이름의 기독교 신앙지였다. 김교신과 함석헌, 양인성, 류석동, 정상훈, 송두용 등 한국 기독교회사에서 '성서조선' 그룹으로 명명되는 이들 6명은, 일본에서 학교를 다니던 시절 모두 우치무라 간조의 제자들이었다. 김교신의 동지이자 도쿄고등사범학교를 같이 다녔던 함석헌이 우치무라로부터 받은 영향은 잘 알려져 있다. 훗날 함석헌은 "우리가 일본에게 36년간 종살이를 했더라도, 적어도 내게는 우치무라 하나만을 가지고도 바꾸고도 남음이 있다고 생각한다"고 했다.[16]

근대 일본 지성사에서 우치무라 간조의 위치는 독특하면서도 매우 중

---

16 함석헌,『씨알의 소리』창간호(1970년 4월호), 함석헌,『함석헌전집 4』, 한길사, 1983, 217.

『聖書朝鮮』誌 創刊 當時 同人들 (1927年 2月
於 日本 東京 著者 27歲, 東京高師 時代)
後列 左부터 楊仁性 咸錫憲
前列 左부터 柳錫東 鄭相勳 金教臣 宋斗用

_____ 『성서조선』 창간호 멤버
와 함석헌(ⓒ 함석헌기념사업회)

요한 자리를 차지한다. 우치무라는, 요코하마 밴드, 구마모토 밴드와 함께 메이지 시대 일본 기독교 3대 원류 중 하나인 '삿포로 밴드' 출신이었다. 삿포로농업학교가 삿포로 밴드의 중심이었는데, 우치무라는 삿포로농업학교 2기생이었다. 우치무라는 1877년 감리교 선교사의 세례를 받았으나, 삿포로의 기독 청년들은 이듬해인 1878년 곧 감리교와의 관계를 청산하고 '독립' 교회를 형성한다.[17]

가가와 도요히코와 함께 일본 기독교의 양대 사상가의 한 사람인 우치무라는, 일찌감치 천황의 교육칙어에 대한 불경(不敬) 사건과 러일전쟁 반대로 인해 일본의 국적(國賊)으로 몰려 있었다. 1890년 메이지천황의 '교

_____
17 박영원·김영남, 『일본 문화와 기독교』, 대학생성경읽기선교회, 2009, 83-85.

육칙어'는 천황제 국가신도(國家神道)주의를 국민에게 강요하는 것이었다. 우치무라가 국적으로 몰린 계기는, 이 교육칙어에 대해 절하지 않은 사건이었다. 일본이 무력을 바탕으로 팽창주의로 달려갈 때, 우치무라의 무교회주의는 병역을 거부하고 국가주의에 반대했다. 일본의 대륙 진출이 현실화되고 본격화된 사건이었던 러일전쟁 개전 직전, 우치무라는 다음과 같이 말했다.

> 나는 러일전쟁을 하지 말자는 비개전론자(非開戰論者)일 뿐만 아니라 전쟁 절대 폐지론자다. 전쟁의 이익은 강도의 이익이다.[18]

> '러시아가 만주를 빼앗으면 일본이 위태롭다'고 말하는 사람이 있다. 그러나 20세기인 오늘날, 중국식 충효 도덕을 국민에게 강요하는 것 그 자체가 일본의 존재를 가장 위태롭게 하는 것이다.[19]

그런데, 우치무라가 반대한 것은 군국주의만이 아니었다. 그는 미국 기독교에 대해 강력한 비판자였다. 초점은 자본주의 비판이었다. 그는 1919년 다음과 같이 말했다.

> 내가 아는 범위 안에서 참된 종교의 발전을 미국의 돈처럼 크게 방해

---

18 우찌무라 간조, 『우찌무라 간조(內村鑑三) 전집』 제10권, 크리스찬서적, 2001, 327.
19 우찌무라 간조, 같은 책, 336.

하는 것은 없다고 생각한다. 만일 미국인의 돈으로 그들의 복음을 전파하면 세계는 참으로 큰 화를 입을 것이다. 원하옵나니 하나님께서 전 인류로 하여금 미국인의 돈과 그 복음의 재앙으로부터 벗어나게 해 주시기를![20]

우치무라의 조선인 제자들, 식민지에서 '성서조선' 그룹을 형성한 함석헌, 김교신 등은 일제 시기 서북과 기호 지방을 중심으로 형성된 우익 민족주의 기독교와는 전혀 다른 맥락에서 자기 노선을 형성했다. 이들은 일본 무교회주의 기독교의 국가주의 비판 전통에 따라 무정부주의적 성향까지 띠고 있었다. 이런 성향은 후일 한국 사회의 사상적 디자인에서, 정권이 국가주의를 내세울 때 강력한 카운터-파트를 형성한다. 앞 장에서 보았던 한신 그룹도 반국가주의로까지 가지는 않았다.

훗날 해방 후 한국 정치권력의 국가주의 철학이 일본에서 기원한 것임은 여러 연구에서 거론된 바 있다. 박정희 정권기 국가주의 이념을 대표하는 '국민교육헌장'(1968)은 박종홍이 기초한 것이다. 박종홍은 제1세대 서양 철학자로서 한국 철학계의 태두로 공인된다. 경성제국대학 철학과를 나오고 독일 철학을 전공한 박종홍은 후일 서울대 교수로서 수많은 제자들을 길러 냈다. 5.16 군정기 국가재건최고회의 사회분과위원이었으며 1970년에는 대통령특별보좌관(교육문화 부문)을 맡았다. 1968년 서울대를 퇴임한 후 그해 '국민교육헌장'을 기초했다. 이 '국민교육헌장'이

---

20 우찌무라 간조, 같은 책, 713.

일본의 '교육칙어'(1890)와 가지는 유사성과, 박종홍이 일제 말 국가주의 철학자 다나베 하지메로부터 받은 영향이 학계에 보고되었다.

우치무라가 일본 국가주의에 저항했듯, 한국 국가주의에 대한 비판도 우치무라의 제자 함석헌에 의해 가장 신랄하게 이루어졌다. 함석헌은 자신의 유명한 저서에서 다음과 같이 말했다.

> 이 나라의 정신적 파산! 사상의 빈곤! 한다는 소리가 벌써 케케묵은 민족 지상, 국가 지상, 화랑도나 팔아먹으려는 지도자들, 이 민족의 정신적 빈곤을 무엇으로 형용할까?[21]

함석헌이 이 글을 썼을 무렵은 이승만 정권이 '화랑도 정신'을 선전할 때였다. 이승만의 국가주의는 이선근, 김범부 같은 학자들을 통해 고대사에서 신라와 화랑도를 불러냈다. 화랑도에 대한 학계의 주목은 이미 일제 시기부터 있었으나, 이승만 정권기에 와서 화랑도의 정신은 민족정신을 대표하는 가장 오랜 이념이라는, 근거가 불분명한 주장이 만들어졌다.

함석헌은 이 모든 문제가 민족과 국가를 절대시하는 데서 나온다고 보았다. 1978년 한 대담에서 그는 다음처럼 이야기했다.

> 나는 분명히 말합니다. '민족도 영원한 것은 아니다'라고. 민족을 주장

---

21 함석헌, 『함석헌전집 1』. 한길사, 1983, 281.

하는 것은 좋지만 그것을 우상화해서는 안돼요. 간디의 말처럼 진리에 배치될 경우엔 민족까지 버릴 각오를 해야 합니다. … 우리가 물리쳐야 할 것은 집단주의입니다. 우리가 국가주의와 싸워야 한다는 것도, 그것이 국가란 이름으로 나타나는 집단주의이기 때문입니다.[22]

함석헌이 이런 말을 했던 1970년대 후반은, 박정희 정권에 저항하는 세력들 사이에서 진보적 민족주의 담론이 활발했던 시기였다. 민족경제론과 매판자본론 등 제국주의에 저항하는 담론에서도 민족주의는 그 기반이었다. 함석헌의 민족주의 비판은, 한국의 진보 담론 내에서 일본 기독교의 영향이 존재했다는 사실과 함께, 그 영향을 받은 사람들이 한신 그룹과는 근본적으로 차별된다는 것을 잘 보여 준다.

그런데, 한국의 무교회주의 그룹이 추구한 사상이 한국 현대사에서 구체적인 사회 모델로 나타난 적이 있다. 반-국가주의를 철학적 기반으로 하는 덴마크식 사회개조 모델이었다. 교육과 농업을 결합한 덴마크 모델은 이미 1910년대 우치무라와 그 제자들에 의해 일본에 처음 도입되었다. 이 모델은 일제 시기 기호파 우익들에 의해서 좌익에 대항하는 우익 사회개조 모델로 전유(appropriation)되기도 했으나, 본격적으로는 해방후, 무교회주의자 김교신의 수제자인 류달영에 의해 '재건국민운동'으로 이어졌다.

류달영은, 전쟁의 와중에 있던 1952년 피난지 대구에서 몇 년간 구상

---

22 함석헌, 『함석헌전집 4』, 한길사, 1983, 354-356.

하던 책 한 권을 출간했다. 『새 역사를 위하여: 덴마크의 교육과 협동조합』이었다. 이 책은 수년 만에 26쇄를 찍을 정도로 대중에 큰 반향을 일으켰다.

그런데 이 책이 1961년 쿠데타 직후 군사정부에서 만든 '재건국민운동본부'의 본부장을 류달영이 맡게 되는 계기로 작용했다. 국가재건최고회의 의장 박정희가 여러 차례 직접 류달영을 만나 본부장직을 맡아 줄 것을 요청했다. 박정희 의장은 "덴마크 연구에 조예가 깊은 류 선생을 재건국민운동의 본부장으로 위촉하고 싶다"고 했다 한다. 류달영은 재건국민운동 일에 박 의장이 간섭하지 않을 것을 조건으로 본부장직을 수락했다.[23]

5.16 군정기의 재건국민운동은 사실상 류달영이 이끌었다고 할 수 있다. 1961년 6월 출범 당시 초대 본부장은 유진오였지만 별다른 활동을 하지 못하고 2개월여 만에 사임했다. 류달영은 그해 9월부터 일을 맡아 새롭게 중앙위원회를 구성하고 플랜을 만들어 실행했다. 1년 8개월을 재직하고 1963년 5월 사임하면서 후임 본부장으로 이관구를 추천했고, 3대 본부장 이관구도 류달영의 운동 방향을 이어 나갔다.

류달영은 운동본부장으로서 자신의 계획에 따라 국민운동을 전개해 나가고자 했지만 내부에서조차 국가주의자들과 갈등이 있었다. 류달영의 정책을 이어 가던 3대 이관구 본부장도 5.16 쿠데타 주체 세력인 육사 8기생 시도지부장들과의 알력을 견디지 못했다. 결국, 군정 세력이 선거

---

23 류달영, 『소중한 만남』, 솔, 1998, 252-253.

를 통해 '민간' 정권으로 옷을 갈아입은 직후인 1964년 2월, 재건국민운동법이 폐기되고 운동본부도 해체되었다.

　재건국민운동에 류달영이 관여했던 사건 전말은, 일본 무교회주의 기독교의 영향을 받은 한국 지성사의 한 축이 국가 정책과 맞닿아 일어난 매우 특이한 케이스였다. 근본적으로 우치무라 간조 이후 무교회주의자들의 사상은 국가주의와는 상극에 놓인 것이었다. 류달영은 국가적 단위에서 '민간 운동'을 전개해 보려 했지만, 재건국민운동은 관제 운동의 성격을 완전히 탈피하기 어려웠고 의도했던 목표도 완성하지 못했다. 재건국민운동본부가 해체되고 나서 류달영은 사단 법인 재건국민운동중앙회를 결성하여 민간 운동을 계속해 나가고자 했다.

　그런데 덴마크 모델은 원래부터 국가 정책 차원에서 엘리트층의 시각으로 민중을 계도하는 교육 방식, 운동 방식과는 거리가 먼 것이었다. 심지어 이 모델에는 반국가주의적 성격도 내포되어 있었다. 류달영이 이런 사실을 몰랐다고는 볼 수 없다. 덴마크 모델의 지도자 그룬트비에 대해 잘 알고 있던 류달영은, 재건국민운동이 관제 운동으로 전개되는 것을 끊임없이 경계했다. 그러나 이미 재건국민운동은 관제를 탈피할 수 없는, 심지어 새로 정권을 획득한 군부의 정치적 판단에 의해 전개될 수밖에 없는 한계 내에 있었다.

　1961-1963년 전개된 류달영의 재건국민운동은 국가 주도가 아닌 민간의 자발적 자기개조 운동을 목표로 했지만, 당시 국가주의자들과의 대결에서 패배하면서 결국 실패했다. 그러나 류달영의 재건국민운동은 이후 1970년대 박정희 정권의 새마을 운동의 중요한 참조점이 되었으며,

한국 사회개조에 실질적인 흔적을 남기게 된다.

한편, 국가 정책 단위를 떠나 민간 단위에서도 일본 기독교 사회 운동의 영향은 한국 사회에 중요한 변화를 가져왔다. 한국에서 유기농업이 사실상 처음으로 도입, 실현된 것이 무교회주의자들에 의해서라는 사실은 잘 알려져 있지 않다. 한국 유기농업은 일본에서 도입된 것으로, 1975년 9월 일본 애농회 고다니 준이치 회장이 풀무학교와 양주 풀무원(풀무원의 창립자 원경선은 풀무학교 이사진 중 한 명이었고, 풀무학교의 이름을 따서 농장의 이름을 지었다)을 방문하면서 시작되었다. 삼애(三愛) 정신(하나님 사랑, 이웃 사랑, 흙 사랑)에 바탕을 두고 설립된 일본 애농회는 아시아 최초의 유기농업 단체였고, 그 영향으로 한국에서 유기농업 단체가 결성된 것이었다. 비슷한 시기인 1976년, 류달영도 한국유기농업연구회를 창립했다.

일본 기독교의 영향을 받았던 한국 무교회주의자들의 사회 모델은 역시 소규모 대안 공동체 형태가 가장 적절한 것이었다. 우치무라 이후 국가 동원 체제에 반대를 명확히 했던 무교회주의자들에게는, 공산주의도 새로운 국가 통제 시스템에 불과한 것으로 국가주의와 함께 척결돼야 할 것이었다. 그렇다면, 함석헌의 표현대로 "어쩔 수 없이 자본주의제도하에서 살면서"[24] 타인의 노동 가치를 착취하지 않는 모델이 어떻게 가능할까. 타인을 착취하지 않고 또 타인으로부터 착취당하지 않고 사는 것이 어떻게 자본주의 사회에서 가능한가. 결론은 소규모의 자급자족적 협동 공동체 건설이었다. "정직한 이마의 땀으로" 노동하는 것, 자신의 노동으

---

24 함석헌, 「한국 기독교는 무엇을 하고 있는가?」, 『사상계』 1956년 1월호, 136.

로 자립을 이루는 것이었다.

결과적으로, 무교회주의자들이 구상하는 공동체에서 '조합'은 중요한 대안이 되었다. 기본적으로 무교회주의자들의 공동체 구상 근저에는 조합주의적인 공동체주의가 존재한다. 이들은 자본주의 시스템에 대한 대안으로 언제나 '조합'을 내세운다.

요컨대, 한국 조합주의의 주요한 원류 하나는 국가 주도 체제에 반대하는 일본 기독교의 전통에서 나왔다. 오늘날 한국에서 일본 기독교의 영향은 몇몇 농촌 단위에서 조합주의 운동으로 이어지고 있으며 미래 사회를 준비하는 대안으로 사회적 주목을 받고 있다.

맺으며 기독교'들'의 교차와 횡단

앞선 논의에서 나는, 2차 대전 후 신생 국가인 한국을 디자인하는 데에 기독교가 끼친 절대적인 영향을 이야기했다. 또한 한국을 디자인한 기독교는 '하나'가 아니었으며, 최소한 셋 이상의 복수의 기독교들이 서로 다른 그림을 제시했다는 것을 말했다.

어떤 이들에게 이 글의 논의는, 한국 사회에 펼쳐졌던 미국 기독교와 비-미국 기독교의 각축으로 보일 수도 있다. 그렇지만 실상이 아주 단순치는 않다는 점을 몇 가지 근거를 들어 얘기해 두어야겠다.

본 논의에서 첫 번째로 언급했던 '사상계' 그룹의 경우, 한국 사회 디자인의 모델에서 미국식 자유민주주의를 염두에 두었음에도 그 인적 관계에서는 '한신' 그룹과 일정 정도 연결되어 있었다. 사실 한신계 인물들은, 창간 초기부터 1960년대까지 지속적으로 『사상계』에 깊이 관여하고 있었다. 사상계 그룹의 리더 장준하가 일제 말 학병으로 입대하기 직전 다니고 있었던 일본 신학교는 후일 김재준 등 한신계 인사들을 사상계 그룹과 연결하는 고리가 되었다. 해방 전인 1942년 장준하가 일본 신학교에 들어갔을 때, 그곳 2년 과정의 예과에 후일

장준하(ⓒ 장준하 기념사업회)

한신의 멤버가 되는 문익환, 문동환, 전경연, 박봉랑 등이 다니고 있었다. 이때의 인연으로 장준하는, 해방기 민족청년단에서 이탈 후 조선신학교 (한국신학대학의 전신)에서 김재준의 제자로 신학 수업을 마쳤다.

심지어 일본 기독교의 직접적 영향을 받은 함석헌도 『사상계』의 주요 필자였다. 사실 함석헌 자신이 평안도 출신으로, 근대 서북의 사상적 본류인 안창호의 실력양성론의 지류와 닿아 있기도 했다. 교육을 통한 '정신개조'라는, 일제 시기 안창호로 대표되는 우파 준비론자들의 계보에 함석헌도 이어져 있었던 것이다. 함석헌은 1987년 당시 오산학교 동창회장으로서 『오산 팔십년사』 서문에 일제 시기 독립운동 노선에 대해 다음처럼 이야기했다.

만주에 가서 독립군이 된다든지, 임시정부를 조직해서 싸울 기회를 기다린다든지 하는 것도 물론 할 수 있는 일이지만 오늘에 와서 지나온 길을 돌이켜 보며 생각할 때 갖은 고통을 겪으면서도 역시 나라 안에 남아 있어, 정치적, 군사적으로 투쟁하는 것보다는 교육을 통해 정신운동을 한 것이 보다 더 크게 공헌한 것임을 알 수 있다.[25]

또한, 무교회주의자 함석헌이 한신 그룹의 일부와 관계하고 있었다는 사실도 언급해 두어야겠다. 한신계의 대표 인물로, 세계 신학계에 알려진 '학문'으로서의 민중신학('Minjung' Theology)을 수립한 안병무는 목사가 되지는 않았는데, 후일 안병무가 평신도교회를 창립하고 목사 안수를 끝내 받지 않은 것은 무교회주의자 함석헌의 영향이었다. 안병무는 김재준의 제자들, 즉 한신계 인물들 가운데 함석헌과 젊은 시절부터 접점을 가진 희귀한 경우였다. 일제 말 일본에서 대학 예과를 수료하고 돌아와 해방 후 서울대 문리대 사회학과에 다시 입학한 안병무는 이미 대학 시절부터 함석헌을 따랐다고 한다. 서울대에 처음으로 생긴 기독학생회에서 초대 회장을 하고 있을 때였다. 김재준은 안병무에게 평생의 은사였음에도, 신학적 영감과 사상에서 안병무가 더 많은 영향을 받은 쪽은 함석헌이라는 평이 있다.[26]

---

25 함석헌, 「오산 80년사에 써 부치는 말」, 오산중고등학교, 『오산팔십년사』, 오산팔십년사편찬위원회, 1987, 47.
26 김경재, 「'몸의 신학'을 가르쳐 준 정열과 지성의 신학자」, 『갈릴래아의 예수와 안병무』, 한국신학연구소, 1998, 260.

더하여, 한신 그룹이 캐나다 기독교의 토양에서 자라 독일 기독교의 물을 받아 세력화했지만, 그 근원에서 일본 기독교의 영향도 존재했음을 말해 둔다. 이것은 일반적으로 식민지 시기 고등 교육을 받았던 지식인이 대개 일본에서 공부한 사실과 연관된다. 메이지 시대 초기 일본 기독교의 성장은 대학 교육을 통해 뒷받침되었다. 릿쿄[立敎], 도시샤[同志社], 메이지학원[明治學院], 아오야마학원[靑山學院] 등이 중심이었다. 한신의 핵심 김재준은 아오야마, 강원용은 메이지 출신이었다. 문익환, 문동환 등 초기 한신 멤버들도 일본 신학교 출신이었다.

한신에 끼친 일본 기독교의 영향은 학교 차원을 넘어 사상의 직접 영향 차원에서도 이야기할 수 있다. 한신의 리더 김재준은 20대 초반 서적을 통해, 일본 기독교 운동가인 가가와 도요히코[賀川豊彦]로부터 평생을 일관하는 강력한 정신적 영향을 받은 것으로 알려져 있다. 강원용도 일본 메이지학원으로 유학을 가 있던 시기에 가가와 도요히코와 접촉했다.

일본의 초기 사회 운동은 기독교와 밀접하게 연결되어 있다. 1910년대 이후 가가와 도요히코에 의해 '사회윤리' 개념이 제창되었고, 사회 운동이 전개되면서 노동조합 운동, 소비조합 설립 등이 추진되었다. 다이쇼 데모크라시의 기수였던 가가와는 이미 중학 시절 기독교 사회주의에 깊이 공명한 것으로 전한다. 가가와의 사상은 한신계의 김재준, 강원용 등에게 큰 영향을 끼쳤다.

문제를 아주 단순화해 보게 되면, 확실히 한국 사회를 디자인한 기독교의 영향 구도는 미국 기독교 대 비-미국 기독교, 좀 더 예각화하면 미국 기독교 대 일본 기독교의 대결로 해석할 여지가 있다. 일본 기독교는 확실히 그 초기부터 미국 기독교와 다른 성격을 가지고 있었다. 일본 사회민주당(사민당)의 결성(1901)이 기독교 사회주의 사상의 영향을 받아 이루어졌다는 데서도 그 차이가 짐작된다.

일제 말 군국 파시즘 시기 국가에 투항하는 면을 보이긴 했지만, 기본적으로 일본 기독교는 그 기원에서, 천황제 내셔널리즘과 적대 관계에 놓일 수밖에 없는 사상이었다. 요컨대 일본 기독교의 핵심에 반국가주의가 있다는 것이다. 미국 장로교의 영향으로 서북에서 기원한 한국 주류 기독교가 반공주의와 함께 민족주의를 초기부터 내장했다는 점을 생각할 때, 미국 기독교와 일본 기독교 사이에는 근본적이고도 중요한 차이가 있었다.

사실 식민지 시기 지식인들이 자란 토양은 제국의 고등 교육이었다. 제국 최고 수준의 교육을 받았다는 것은 해방 후 이들의 국가 건설의 밑바탕이 된 지식이 모두 일본으로부터 온 것임을 뜻한다. 기독교도 예외가 될 수 없었다. 미국 장로교 선교사들과 직접 접촉한 서북 기독교 외에는, 일본은 모든 '서구'와 접촉하는 매개가 되었다.

한국에서 기독교와의 접촉면, 곧 근대와의 접촉면은 미국과 일본, 캐나다 등을 통해 다각도로 이루어졌다. 분단과 전쟁을 거치면서 좌익이 대한민국 건설에서 배제되었음을 전제한다면, 기독교는 전후 한국 사회를 디자인한 이념의 '거의 모든' 기반이었다.

중국의 근대화와 기독교

오동일
장로회신학대학교 교양학

나는 역사를 하나의 총체로 이해한다. 역사는 그 시대마다 중요한 현안을 가지며, 그 시대인들이 각고의 노력을 통해 그 시대적 과제를 극복하게 될 때 역사는 새로운 시대를 맞이하게 된다. 그래서 나는 각 시대에 흐르는 시대정신을 포착하는 것이 무엇보다 중요하다고 생각한다. 그리고 그 시대정신은 그 시대를 대표하는 어떤 인물에 의해 말해진다. 나는 중국의 근현대사를 이러한 시각에서 바라본다. 중국의 근현대사는 자생적인 과정이기보다 서구로부터 "수입"된 것이고, 서구 사회와 기독교 간에 또한 복잡하게 얽혀 있기에, 중국의 근현대사를 관찰함에 있어 기독교와 중국의 근대성의 관계성을 살펴보는 것은 중요한 의미를 가진다고 생각한다.

중국의 근현대사를 어떻게 볼 것인가?

중국 청나라 말기 역사의 본질은 서양이 중국의 천하 체계(天下體係 혹은 宗藩體係)를 파괴하고 자신의 세계 체계(世界體係)에 편입시키는 과정으로 볼 수 있다. 중국의 천하 체계는 대국의 위엄을 바탕으로 주변국들을 문화적으로 지배함을 의미한다. 중국의 천하 체계는 일종의 수렴형 체계로, 주변국의 조공과 참배 여부는 "자발성"에 맡겨져 있다 할 수 있겠다.

이에 반해 서양의 세계 체계는 1648년에 독일의 30년 전쟁을 종전시킨 이후 맺은 웨스트팔리아조약(Peace of Westphalia)을 기점으로 근대 민족 국가의 주권 개념을 통해 형성된 질서를 뜻한다. 유럽의 정치는 종교의 영향에서 벗어나 세속화되었고, 국가 간 세력 균형에 의해 형성된 질서를 뜻한다. 서양의 세계 체계는 자신의 질서를 계속하여 수출하는 특성을 지니며, 타 지역을 식민지화하면서 자신의 시스템에로 편입을 시도한다. 일종의 수출형 체계이다.

아편전쟁을 기점으로 하여 이 두 개의 세계 질서는 충돌하게 되면서, 중국의 천하 체계는 해체되고 서양의 세계 체계가 강화되었다. 이는 이홍장(李鴻章)의 말대로 중국에는 "지난 3천 년간 없었던 큰 변화(三千年未有之大變局)", 즉 대변혁 시기가 아닐 수 없다.

아편전쟁 이후 중국인들은 나라의 진로를 새롭게 모색하기 시작했는데, 그것이 중국 근대사의 큰 흐름을 형성하게 된다.

1. 중국과 서양의 새로운 관계 진입: 아편전쟁과 불평등조약

중국 근대사의 시점에 대해 다양한 이론이 존재하나, 아편전쟁을 기점으로 보는 것이 설득력을 가진다. 유럽이 중국으로부터 실크, 도자기, 차 등을 수입하면서 정작 중국에 수출할 적합한 품목이 없어 아편을 불법적으로 수출한 것이 문제가 되었다. 그리하여 그 당시 중국에서는 아편이 큰 사회적 문제로 대두되었다. 오늘의 커피숍처럼 "아편바"가 홍행하였고, 중국의 백성들을 물론 많은 고위 관료들까지도 아편에 중독되는 일이 비일비재했다. 서양의 아편 무역으로 중국의 은이 계속하여 유출되었고, 중국 내에는 퇴폐 문화가 성행했다. 이에 분노하여 임칙서(林則徐)라는 중국 관리는 중국 남부 호문(虎門)에서 아편을 소각하는 시위를 단행했다.

이에 빅토리아여왕의 영향 아래 영국 의회는 271:262표의 간소한 차이로 중국에 대한 군사행동을 결정했다. 그러나 영국 정부는 정식 선전 포고는 하지 않은 채 군사행동을 하면서도 이는 전쟁이 아니라 보복(reprisal)이라 했다. 그 이유는 중국 정부가 영국 관원과 상인들을 모욕하고 큰 손실을 입혔다는 것과 영국 상인들이 중국에서 재산과 안전이 위협을 받는다는 것이었다. 그 당시 글래드스턴(William Ewart Gladstone)이라는 의원은 영국의 아편전쟁에 대해 "인류 역사상, 나는 이처럼 정의롭지 못하고 영구적인 치욕이 될 전쟁을 보지 못했다. 이는 아편을 위한 더러운 교역을 위해 영국의 국기가 휘날리게 될 것이기 때문이다"라고 했다고 한다.

그 당시 중국 인구 4억이었고, 정규 부대만 80만 명을 보유하고 있었지만, 영국군 2만 명에게 대패를 하게 된다. 패배의 원인은 중국 관리들이 부패하였고, 돈을 사랑하고 백성들을 무시하며, 외국 세력보다도 오히려 자신의 백성을 더 경계하였다는 데 있다. 그리고 백성들도 국가의 운명에 무관심하기는 마찬가지였다. 그들은 영국군과 청군의 승패에 관심이 없었고, 청나라 군대나 영국군이나 별반 차이를 두지 않았다. 왜냐하면 청나라 군대도 백성들의 재산을 자주 빼앗았기 때문이다. 오히려 영국군이 더 규율이 있고, 중국 백성들에게도 크게 피해를 주지 않았다. 그 당시 백성들은 관리들을 두려워하고, 관리들은 서양인들을 두려워하고, 서양인들은 백성들을 두려워한다는 말이 나돌았다고 한다. 그 외 중국 관리들의 의식이 낙후된 것도 큰 원인이었다. 그 당시의 청나라 도광제는 영국이 어디 있는지 몰랐고, 심지어 임칙서도 영국인들은 다리를 굽히지 못한다고 생각했다고 한다.

아편전쟁에서의 패배로 중국은 영국과 "남경조약(南京條約)"을 체결하게 되는데, 이는 중국이 근대사에서 외국과 처음 맺은 불평등조약이었다. 조약의 결과 중국은 홍콩섬을 떼어 주었고, 청 정부 재정 수입의 1/3 이상을 배상으로 주었으며, 오구통상(五口通商)이라 하여 광주, 하문, 복주, 영파, 상해 등 다섯 도시를 개방하고, 해관의 세금은 영국과 논의하여 결정하기로 했다. 이후 남경조약의 후속으로 이루어진 망하조약은 치외법권-후기 교안 발생의 원인이 되었다.

그 당시까지 중국인들은 스스로 "천자의 나라(天朝)", 즉 세계 중심 국가로 자임하면서, 중국은 "없는 것이 없는 완벽한 국가", "가장 문명한 국가"로 외국과 교류가 불필요하다고 생각했었다. 그러나 개명된 일부 사대부들로부터 이러한 의식은 깨지기 시작했다. 그 첫 사람이 나는 위원(魏源)이라 생각한다.

그는 "오랑캐를 제어하려면 그들을 먼저 알아야 한다(欲制外夷者, 必先悉夷情始)" 하면서 『해국도지(海國圖志)』를 제작하였다. 그러면서 그는 중국은

_____ 위원과 『해국도지』

세계의 중심이 아니라, 동아시아의 하나의 국가에 지나지 않으며, 완벽한 나라가 아니라(不是盡善盡美的) 많은 부분에 있어서 다른 나라들에 뒤처져 있다고 했다. 그래서 그는 "오랑캐들의 재간을 배워 오랑캐들을 제압해야 한다(師夷長技以制夷)"라고 했다. 그는 중국은 서양을 배워야 하며, 적어도 그들의 무기를 배워야 한다고 했다. 서양에 저항하면서도 그들을 배워야 한다는 모순적 논리는 중국의 근대사로부터 오늘에까지 이어지는 중국인들의 생각이자 중국 근대화의 논리이다.

　그러나 그의 생각은 그 당시 당국자들과 지식인들로부터 지지를 얻지는 못했다. 중국 통치자들은 남경조약을 "만년평화조약(萬年和約)"으로 여겨 그것이 중국의 평화를 보장한다고 생각했다. 임칙서는 아편 소각의 책임을 지고, 신강(新疆)으로 유배 보내진다. 위원의 『해국도지』는 오히려 일본에 전해져 그들의 큰 관심을 받게 된다. 그들은 이를 천하의 무사들이 반드시 읽어야 하는 필독서(天下武士必讀之書)로 간주하였고, 그것은 일본인들이 세계를 바라보는 안목을 열어 주었다.

　결국 중국은 아편전쟁 이후 약 20년 간의 개혁 기회를 놓치게 된다. 나라는 계속하여 피폐해지고. 영국의 배상금과 아편 수입의 증가로 은의 유출이 더욱 많아져, 사회 갈등이 증폭되고, 중국 농민들의 불만도 점점 더 거세졌다. 그것이 후에 태평천국(太平天國) 운동이 발생하게 되는 원인이 되었다.

"망하조약"과 미국 선교사들

아편전쟁 당시, 미국 정부는 중국의 사태에 대해 면밀히 관찰했다. 그때 중국에 머물던 미국인들, 상인, 선교사, 외교관 등이 미국의 중국 정책 제정에 중요한 역할을 했다. 미국 일부 상인들은 해군을 보내는 것은 동의하나 미국이 영국과 함께 행동하는 것은 반대했다. 그 이유는 영국이 전쟁을 통해 이익을 얻게 되면, 전쟁하지 않아도 미국도 같은 이익을 얻을 수 있다고 생각했기 때문이다. 결국 미국 정부는 많은 정보들을 취합한 후 중국과의 전쟁은 피하기로 했다. 영국의 침략 전쟁을 계기로 같은 이익을 얻을 계산을 한 셈이었다. 아편전쟁 이후, 영국의 방식대로 청 정부에 압력을 가해 조약을 맺고 영국과 같은 이권을 따낸다는 것이 그 당시 미국의 대중국 정책이었다.

그래서 아편전쟁 기간, 미국 동인도함대 사령관인 커니(Lawrence Kearny)는 함대를 이끌고 중국에 도착했다. 1842년 커니는 양광총독 기공(祁貢)에게 편지를 써, 미국의 최혜국대우를 요구했다. "미국은 매년 무역이 적지 않기에, 청나라 조정은 상인들의 무역에 다른 나라 상인들과 대등한 대우를 해 주길 원한다." 그때 미국 선교사 파커(Peter Parker), 브리지먼(Elijah Coleman Bridgman)이 사절단의 통역 및 중국어 비서를 맡았다.

____ 파커

____ 브리지먼

　　결국 미국은 영국의 남경조약에 준하는 망하조약을 체결하였지만, "치외법권(治外法權)", 즉 영사재판권(領事裁判權)에 관해서는 영국과의 조약보다도 상세하여, 12년 뒤에는 조약을 다시 개정한다는 조항까지 넣음으로 영국 이상의 특권을 얻어 냈다. 파커, 브리지먼은 이 조항을 조약에 집어넣은 것을 아주 자랑스러워했다. 이들 선교사는 중국이 국가 간 평등의 원칙을 지킬 것을 강조하면서도 "치외법권"에 관해서는 "국제법의 각종 규칙과 관례는 기독교국 간의 국제법으로 기독교 국가 간에만 가능하다"라고 생각했다. 그러나 중국은 기독교 국가 가족에 속하지 않기에, 서양 국가의 국민이 죄를 범하면, 중국 측에서 치죄해서는 안 된다고 주장했다. 치외법권의 이론적 기초는 중국과 서양은 다르기에, 중국은 일정한 기간을 감독받고, 기독교로 귀의한 후에야 국제 무대에서 다른 나라들과 동등한 지위를 누릴 수 있다는 것이다.

망하조약은 중국과 미국의 관계가 새로운 시대로 진입힘을 알리는 이 정표였다. 중국과 미국의 첫 정치적 대결에서 파커, 브리지먼의 학식과 지혜가 큰 작용을 한 셈이다.

　　아편전쟁 이후, 중국이 영국, 프랑스, 미국과 일련의 불평등조약을 맺음으로, 중국에서의 선교 사업은 큰 변화를 겪게 된다. 이로 인하여 사실 선교사들의 선교 문이 활짝 열리게 된 셈이다. 영국이 무력으로 중국에 근본적인 변화를 일으킨 것을 선교사들은 기독교가 중국에서 승리의 대문을 연 것으로 보았다. 무력 전쟁 자체에 대해서는 질책했지만, 그 결과에 대해서는 주님의 뜻으로 받아들였다.

　　미국의 첫 중국 선교사였던 브리지먼은 편지에서 "이 국가는 이제는 원래 세계와 단절된 상태로 다시는 돌아갈 수 없게 되었다. 기대컨대 몇년 지나지 않아서, 서방 국가들은 북경에 전권대사를 두고, 중국 조정도 각국 수도에 대표를 보내게 될 것이다. 그리고 중국 남에서 북, 동에서 서에서 외국인들이 족적을 남기게 될 것이고, 유럽 대륙처럼 자유와 안전한 곳이 될 것이다"라고 했다. 그는 "이 땅의 백성들은 비통과 혼란에 휘말렸다. 아편의 수입, 전쟁의 지속, 홍수의 범람, 의견의 분기, 백성의 소통 등, 그러나 한 가지 분명한 것은 하나님은 이러한 과정을 통하여 그분의 위대한 계획을 이루신다는 것이다." 선교사들은 남경조약을 "새천년왕국"의 질서가 중국에 임하는 서막으로 생각했다. 그는 『중국총보(中國叢報)』 1843년 1월호에 "이로부터 이 오랫동안 폐쇄돼 있었던 천조상국은 지구상의 다른 나라들과 같이 되어 큰 가족을 이룰 수 있을 것이다"라고 했다. 그는 성경의 예언과 연결시켜, "성경은 우리에게 인류가 대가족을 이루게 될 것을 예언한다. 비록 그것이 언제 이루어질지는 잘 모르나, 이 시대에 겪는 변화들은 새로운 시대의 도래를 예시하는 듯하다. 중국이 신속하게 화평을 되찾고, 그리고 평화를 위해 체결한 조약들은 이 시대 가장 기쁜 징조들이다. 이로 인해 우리는 지고한 하나님 은혜를 찬양하며, 옛 질서가 소멸되고 국가 간 자유롭고 우호적으로 내왕하는 시대가 곧 오게 될 것을 확신한다." 이처럼 새롭게 열리는 기회가 선교사들의 최대한 관심사였다.

그러나 남경조약은 근대 중국이 국제 관계에서 부담하게 된 불평등조약의 단서가 되어, 영국을 비롯한 유럽 여러 나라의 경제·정치·문화·영토 면에서의 중국 침략에 길을 열어 준 결과가 되었다. 이후 중국은 점차 유럽 및 일본 등 자본주의 세계의 종속적인 시장으로서 재편될 수밖에 없게 되었다. 남경조약 체결을 기점으로 해서 중국은 그동안의 세상의 중심은 중국이라는 중화사상에서 깨어나기 시작했고 근대화에 대한 의식이 생겨났다.

"천진조약"과 서양 선교사들

"남경조약", "망하조약" 등 불평등조약에 의한 "치외법권"으로 외국인들이 중국에서 특권을 누리게 되면서 중국 민간 사회와 선교사들 간의 충돌이 가속화되었다. 그리고 제2차 아편전쟁(1954)에서 맺어진 "천진조약(天津條約)"과 "북경조약(北京條約)"에 들어 있는 "선교관용조항(傳敎寬容條款)"이 더해져 기독교 선교가 중국의 내지에까지 전개되면서, "교안(敎案, 기독교와 중국 민간 사회의 충돌)"은 더욱 빈번하게 발발했다.

"선교관용조항"은 러시아가 먼저 "중러 천진조약"에 포함시킨 것이고 동방정교회 선교사들만 포함시켰다. 후에 미국 대표단 통역을 맡았던 미국 선교사 윌리엄스(Samuel Wells Williams)는 이 조항을 미국과의 조약에 포함시켰다. 사실 처음에는 중국 정부는 윌리엄스의 요구를 거절하였는데, 그것은 개신교 선교사들은 가족도 있기에 개시장(通商口岸)에 제한하는 것이 좋겠다는 것이었다. 그 후 윌리엄스는 조항을 더 수정하여, 동료 미국 선교사 윌리엄 마틴(William Alexander Parsons Martin, 1827-1916)과 함께 청나라 대표를 만나 "개신교나 천주교는 모두 사람들을 선으로 인도하고 서로 존중하고 사랑할 것으로 가르치기에, 이후에 어떤 신앙이든 기독교를 전파하더라도 다른 사람에게 해를 끼치지 않을 경우, 단지 신앙의 문제로 간섭하거나 박해를 받아서는 안 된다. 미국인이든지 아니면 기독교로 개종한 중국인이든지 모두 종교 활동과 기독교 신앙을 전파할 자유를 가져야 한다"라고 설득하여 결국 이 조항을 청 정부가 받아들이게 되었다.

이 조항이 성공한 후, 윌리엄스는 "하나님께 감사한다. 우리는 드디어 조약을 통해 이러한 권리를 획득하게 되었다. 이에 근거하여 후에 중영조약에도 포함된다. 이 조항이 갖는 의미를 중국 정부가 알았더라면 그들은 이 조항을 허락하지 않았을 것이다"라고 했다. 그리고 1878년에 윌리엄스는 회고하기를 "1858년의 기독교 '선교관용조항'은 모든 중국에 와 있던 선교사들의 요구에 부합되었다. 사실 이 요청은 러시아 사절단이 먼저 제기했었다. 그때 중국 측 대표들은 선교사들이 대부분 중국어를 잘하기에 중국에서 자유롭게 활동하도록 해도 무방하다고 생각했었다. 외국 상인들에게는 이러한 특권을 주기를 원치 않았다. 상인들은 중국어를 못할 뿐만 아니라, 화를 가져올 수 있기 때문이다. 그 당시 북경의 러시아 선교사들은 비교적 성실하게 본분을 지키고 또 부지런하여, 그런 특권을 주는 것에 우려가 없었다. 그러나 기독교에 대해서는 그들은 어떻게 할지를 모르고 있었다"라고 했다.

중미 천진조약에는 "선교관용조항"이 이렇게 규정되었다. "예수 그리스도의 거룩한 종교, 천주교로도 이름하는데, 이들은 사람들에게 선을 권장하고, 다른 이에게서 받고자 하는 대로 다른 이에게 베푸는 자들로, 이후로 자기 본분에 맞게 선교하고 습교하는 자들에게는 동정하고 보호하되 능멸하거나 박해해서는 안 된다. 교회 규례에 맞게 선교하는 자들에게는 다른 사람은 방해를 해서는 안 된다."

천진조약이 맺어진 후 브리지먼은 선교사들을 상해에 모아 놓고, 선교관용조약의 체결을 축하했다. 조약 체결 20년 후 윌리엄스는 그의 글 「중국에서의 개신교 선교 사업」에서 "우리가 체결한 조약은 중국에서 기독교를 전파하고 신앙하는 자유와 공개적으로 종교 활동과 의식을 진행할 자유로, 중국에서의 교회 조직의 확대에 중대하게 기여했다. 우리는 거룩한 사역의 길에 큰 진보를 이루어 냈다. 중국에서 기독교를 보편화시키는 계획의 실현에 한 발 더 다가서게 된 것이다. 근래에 와서는 중국에서의 선교 사업은 거의 어려움이나 핍박을 당하지 않았다. 일부 원망은 있었으나 이러한 성과들은 우리에게 큰 위로를 준다"라고 했다. 그 당시 미국 국무장관 존 포스터 덜레스(John Foster Dulles)는 윌리엄스에 대해 극찬을 아끼지 않았다. 그는 "중국에서 제일 유명한 미국인은 윌리엄스

박사다. 그는 그 어려운 중국어에 정통하고, 중국에 있는 서양인들 가운데 첫 번째로 꼽히는 학자요, 예언가이다. … 그는 미국의 외교사에서도 이름을 남길 만하며 미국의 극동 사업이 뛰어난 성과를 거두는 데에 있어서 가장 큰 공을 세웠다"라고 말했다.

그러나 미국 역사학자 라터렛(Kenneth Scott Latourette)은 이 선교관용조항에 대해 이렇게 평가했다. "이 조약은 선교사들뿐만 아니라, 중국 성도들도 외국의 보호 아래 두어, 중국인들의 입교에 일정한 보장을 해 준 것으로, 교회의 성장에 중요한 요소가 되었다. 그러나 이것의 부작용은 중국 성도들이 중국 정부의 관할을 벗어나게 하고, 교회 단체가 전국 각지에서 외국의 보호를 받게 되는 '나라 안의 나라(國中之國)'가 되게 했다. 거의 모든 안건은 불신자가 신자에게 핍박을 가한 것으로 되었고, 외국 공사가 중국 사정에 간섭할 여지를 열어 두었다. 적지 않은 중국인들은 강한 외국을 의지하기 위해 회개한 척하고 교회에 가입했고, 적지 않은 선교사들이 외국의 보호를 명의로 중국인들을 입교시켰다. 그리하여 선교관용조항은 오히려 기독교의 명의를 실추시키는 면이 있었다. 교회는 결국 서양 제국주의의 동반자가 된 책임을 벗을 수 없게 되었다."

서양 선교사들의 역할에 대한 중국 지식인들의 평가

선교사들이 서양의 근대 과학 지식과 가치 개념들을 중국에 전해 줌으로 인해 중국 전통문화에 큰 도전이 되고, 중국의 지식인들에게 변혁 의식을 불러일으켰으며, 동시에 중국 현대 지식 계층의 형성에 큰 자극이 되었다. 그러나 소극적인 영향으로 볼 때, 그들은 서양 교회의 의지로 중국의 발전 방향을 규정하려 했다. 윌리엄스의 한계도 그의 선교사 신분에서 왔다. 모든 일을 선교사적 안목에서 출발했기에, 그의 안목과 시야는 제한적이었고, 그의 활동이 갖는 가치를 잘 드러내지 못한 감이 있다.

서양 선교사들은 서양 상인과 정치인들의 공동의 필요를 위해, 즉 중국의 문호를 열기 위해, 다양한 방식으로 서양 열강의 중국 정책과 경제 관계에 휘말리게 되었고, 심지어 중국의 정치적 강압과 군사행동에까지 동조 및 참여하게 되었다. 이로 인해 그들의 선교사적 신분이 모호해졌다. 선교사들은 미국의 종교와 문화 확장의 일부가 되었다. 그들의 천년 왕국 사상으로 하여, 그들은 미국, 이 새로운 공화국, 새 예루살렘의 탄생 소식을 전 세계에 전하고 싶었다. 미국의 민족주의와 종교적 열정은 불가분적 관계로 상호 추진하는 관계가 되었다.

이러한 선교사들의 작용에 대해 중국 지식인들의 기본적인 판단은 기독교 선교는 자본주의 침략 확장의 도구가 되었다는 것이다. "기독교는 한쪽으로는 사랑과 우애와 중생 구원을 이야기하지만, 다른 한 차원으로는 침략 전쟁을 찬양하고 지지했다." "선교사들의 포교 활동은 강한 정치적 색채를 띠고 있었고, 의도적이든 비의도적이든 서구 열강이 중국을 침략하는 방편이 되었고, 그로 인하여 자신의 이미지를 훼손하였다."

어떤 중국 문화 평론가는 "중국에 온 서양 선교사들은 가장 훌륭하지만 가장 나쁘기도 하다고 한다. 선교사들은 중국에서 장기적으로 생활하였기에 중국을 연구할 수 있는 기본적인 자질과 조건을 갖추었다. 그러나 그들은 서양 문명의 어깨 위에서 중국을 내려다보고 있다. 그래서 내린 결론은 객관적 진실의 측면이 있지만, 그러나 최악인 것은 중국 문화를 부정하는 전제를 가지고 있기에 중국 문화는 이교 문화이고 사악한 세력의 산물로, 그들의 임무는 기독교의 복음으로 중국 문화를 개변시키는 것이라는 문화 침략적 목적이 사전에 깔려 있다. 이는 자아와 타자를 구분 짓고, 다른 문화를 낯설게 바라보는 문화 심리적 동기와 목적이 크게 작용한 것이다"라고 했다.

역사는 말하기를 "어떤 종교, 어떤 신앙, 어떤 사상이든, 그것이 만약 정치적 힘에 의존하여 전파되고 유지된다면, 그것 자체로서의 생명력을 잃고 그 반대 효과만 나타나게 된다는 것이다. 기독교가 중국에서 겪은 경험이 이것을 설명해 준다." 왜냐하면 어떤 식민 침략 활동도 결코 칭찬될 수 없기 때문이다. 그에 동조하고 지지하였다면 그는 역사적 오명에서 자유로울 수 없게 되기 때문이다.

2. 중국 "토착" 기독교 운동인 태평천국 운동이 중국 근대사에 남긴 큰 발자국

농민의 문제는 중국 사회의 근본 문제이다. 중국은 농업 국가이고, 농민이 대부분 인구를 차지하고 있기에 사회 변혁의 힘은 농민들에게 나올 수밖에 없다. 청 정부는 본래 부패·무능하고 압박과 착취가 심했는데, 외국과의 전쟁 배상으로 각종 세금이 부과되면서 농민들의 고통은 말할 수 없이 가중되었다.

이때 중국 대규모의 농민 봉기를 주도한 인물은 홍수전(洪秀全)이라는 인물인데 그 이력이 독특하다. 홍수전은 중국에 온 첫 기독교 선교사인 모리슨(Robert Morrison)이 쓰고, 중국의 첫 목사인 양발(梁發)이 번역한 「권세양언(勸世良言)」이라는 쪽 복음을 읽은 후에, 과거시험에 여러 번 실패하고 중병을 앓으며 본 환상과 겹쳐지면서, "큰 깨달음"이 생겼다. 그는 상제가 있고, 예수는 천형(天兄)이며, 자신은 예수의 동생이 된다고 했다. 그는 1843년부터 인류를 구제해야 한다면서 전도 활동을 시작하였고, 기독교가 중국을 구할 수 있다고 생각했다. 그는 「권세양언」을 통해, 신의 전능하심, 죄악과 우상숭배로 타락한 사회, 구원과 심판을 이루시는 하나님, 그리고 구세주의 강림 등의 교리가 중국 사회의 문제를 해결하고 새로운 출로가 된다고 생각했다. 그는 오직 여호와만 섬기기 위해, 가는 곳마다 공자의 위패를 파괴하고, 중국의 기존 사회질서에 정면으로 도전하면서, 배상제회(拜上帝會)라는 조직을 만들었다. 처음에 광동에서 시작했지만 잘 안 되어, 광서성에 가서 많은 농민 신도들을 확보하게 되었다. 그는 "천하일가, 대동사회(天下一家, 大同社會)" 등 평등사상을 주장하면서, 태평천국을 건설하고 반청복명(反淸復明)을 주장했다. 그는 특히 십계명을 강조하고, 우상숭배를 멀리하고, 효를 강조하면서 살상, 간음, 절도, 약탈, 도박, 아편 흡입, 음주 등을 모두 금지시켰다.

그는 1849년에 1만여 명의 성도들을 거느리고 본격적인 혁명을 시작했다. 청나라 탐관오리들을 타도하고 서양의 불평등조약을 반대하는 그의 반청-반제국주의와 대동사회의 평등주의 사상은 많은 중국 농민들의 동조를 얻었다. 그는 가는 곳마다 지주의 땅을 빼앗아 토지를 농민들이 나누어 주었다. 그리고 신앙 사상과 엄격한 기율과 조직 구성 덕분에 그는 빠른 시간 내에 중국의 거의 절반인 남방 지역을 다 점령하게 되었다.

그는 국호를 태평천국으로 정했고, 1853년 3월에 남경을 점령하고 수도로 정한 뒤 천경(天京)으로 이름을 바꾸었다. 그는 『천조전무제도(天朝田畝制度)』(1853)를 제정하여, 본래 지주가 가지고 있던 봉건적 토지제도를 부정하고, "천하의 땅은 모든 이들이 경작한다(凡天下田天下人同耕)"라는 것을 원칙으로 하였다. 그리고 "같이 밭을 심고, 같이 밥 먹고, 같이 옷 입고, 같이 돈을 쓰고, 고르지 않은 곳이 없고, 따뜻하지 않은 사람이 없다(有田同耕, 用飯同食, 有衣同穿, 有錢同使, 無處不均勻, 無人不保暖)"라는 중국 농민들의 사회적 이상을 제시했다.

그러나 태평천국이 점령 지역을 지속적으로 유지하는 것은 용이하지 않았을 뿐만 아니라, 남경에 수도를 정한 후, 기득권이 형성되고 호화로운 생활을 누리면서 그러한 이상을 실현하기 어려워졌다. 남경을 점령한 이후, 태평천국은 빠르게 부패해 갔다. 천왕(天王府)은 특권과 향락을 일삼고 88명의 후궁(88后妃)을 두었으며, 성을 나갈 때는 몇천 명의 위장대가 함께했다. 그들은 평등을 머리에서 깨끗하게 지워 버렸다. 후에 태평천국은 수천 명의 왕들을 세웠고, 관리들도 매우 부패했다. 예를 들면, 25명을 다스리는 가장 낮은 관리인 양사마(兩司馬)가 네 명을 메는 가마를 타고 다닐 정도였다(四人抬轎子). 청나라 황제가 16명이 메는 가마를 탔는데 홍수전은 64명이 메는 가마를 타고 다녔다고 한다. 청나라에서는 황제가 죽었을 때 관을 64명이 멨다고 한다(皇帝棺材64). 그리고 천왕의 행렬이 도시로 나오면 모든 백성은 의장대를 등지고 길가에 꿇어야 했다. 의장대에 방해가 되면 바로 참수형(斬首不留)에 처했다고 한다.

태평천국이 빠르게 패망하게 된 원인은 중국의 주류 전통인 유가 전통을 급진적으로 거부하면서 중국 지식인들을 자신의 적으로 만들었기 때문이다. 그들은 가는 곳마다 공묘, 악왕묘, 관제묘, 사찰 등을 파괴하였고, 중국이 수천 년간 지켜온 예의와 인륜을 파괴했다. 이것이 후에 증국번(曾國藩)이 "중국 문화를 지키자!"라고 호소했을 때, 중국 지식인들로부터 큰 지지를 얻게 된 원인이다(天下雲集響應).

—— 증국번

사실 홍수전이 기독교의 가치를 들고 봉기를 일으켰을 때 서방 세계에서는 아주 반가워했다. 이 봉기가 성공하기만 하면 4억의 중국 기독교인들을 얻을 수 있기 때문이다. 그래서 천주교에서는 대주교(樞機主教)를 파견하여 태평천국을 방문하여 보니 그들은 자기들과 완전히 다른 기독교 신앙을 가지고 있었고 "사교"에 지나지 않는다는 판단을 내렸다.

그들은 전쟁의 승패는 모두 하나님의 뜻이라고 생각하여 마지막 천경이 함락될 때에 하늘에서 천병을 보내 주기만 바랐고, 양식이 떨어졌어도 하나님이 하늘에서 만나를 보내 줄 것이라고 믿었다. 이러한 맹목적인 신앙도 그들이 실패하게 된 한 원인이 된다.

그럼에도 태평천국이 패배하게 된 결정적 원인은 권력이 안정된 이후 내부에 권력 투쟁이 노골화되고 자기들끼리 서로 죽이기를 했기 때문이다(爭權奪利, 自相殘殺). 대표적인 사건이 악명 높은 "천경사건(天京事變)"이다.

태평천국 운동의 실패가 가져다주는 중요한 교훈은 중국에서 농민은 변혁의 동력이 될 수 있지만 주체로 서기에는 부족하다는 것이다. 그렇다고 농민이 동원되지 않고는 중국 혁명은 승리하기 어렵다는 교훈도 얻을 수 있다.

이처럼 태평천국 운동은 빠르게 쇠락되었지만 청 왕조의 중앙집권을 약화시켰고, 중국의 지방 세력이 성장하게 된 배경이 되었다. 특히 증국번의 향계(曾國藩的湘係)와 이홍장의 회계(李鴻章的淮係)가 급부상하게 되는 계기를 만들어 주었다. 결국 새롭게 부상된 이들에 의해 태평천국은 역사의 막을 내리게 되었고 이들은 중국 사회의 정치적 리더로 부상하게 되었던 것이다.

3. 양무운동: 개혁파 청나라 관료들의 중국 진로 탐색

태평천국 운동을 진압하면서 새롭게 부상한 한족 지방 관료들은 청말 양무운동(洋務運動)의 주역들이 된다. 양무운동을 그 당시에는 동치중흥(同治中興)이라고 했고, 대만과 홍콩은 자강운동(自強運動)이라고 한다. 이 양무운동을 주도한 사람이 이홍장이다.

양무운동의 전개는 서구 열강에 대한 중국인들의 인식의 변화를 뜻하기도 한다. 이(夷), 즉 오랑캐에서 서양이라는 양(洋)으로의 전환은, 천조(天朝)와 오랑캐의 관계(天朝和夷人的關係, 宗主國與藩國關係)에서 중국과 열강의 관계, 즉 열강을 중국보다 더 강한 국가로 인식하게 되었음을 뜻한다. 이를 위해, 1861년에 새로운 정부 기구가 만들어지는데 이것이 총리아문(總理衙門, 洋務衙門)이다. 총리아문은 청나라의 외교, 국방, 해군, 육군, 학교, 해관, 우정 등 다양한 영역을 관할하면서 막대한 권력을 가졌다. 그리고 이를 친왕 혁흔(親王奕訢)이 총괄했다. 혁흔은 양무운동의 목적을 이렇게 말한

_____ 이홍장

다. "북방의 마음의 아픔과 러시아의 겨드랑이의 염려와 영국의 지체의 우환이 있는데, 북방이 난을 멸하고, 러시아를 저지하고, 그다음 영국을 처리하기 위함이다(髮捻心腹之害, 俄國是肘腋之憂, 再有英國是肢體之患, 故滅髮捻爲先, 治俄次之, 治英又次)." 이는 이 당시 청나라의 외환이 심했음을 말해 준다.

양무운동은 19세기 60년대에서 90년대까지 중국이 서양의 군사 공업 기술을 배워 공장들을 세우면서 자강 부국을 추구한 산업화 과정이다. 그러나 이들은 정치 문화적으로는 중체서용(中體西用)을 강조하면서 중국의 국가적 출로를 모색했다. 여기서 중체서용은 중국의 정치제도와 문화적 기반은 유지하면서 서양의 과학과 기술만 도입하는 정책을 의미한다. 어찌 보면 양무운동이 진정한 의미에서의 중국 근대화 시작이라 할 수 있다. 왜냐하면, 그전까지는 서양에 의해 강제적으로 문호를 개방했지만, 양무운동부터 중국인들이 주체적으로 자체적 개혁을 단행했기 때문

이다. 중국의 큰 산업 기관들은 거의 이때에 다 만들어졌다.

군사 공업(국유): 이홍장이 금릉기계국(金陵機器局)과 강남제조국(江南制造總局) 등을 만들었다. 장지동(張之洞)도 호북총포국(湖北槍炮局)과 한양병공장(漢陽兵工廠)을 만들었다. 이 공장들은 큰 기계들을 들여와 많은 노동자를 고용했다. 그러나 이윤을 추구하지 않았고, 시장도 필요하지 않았다. 봉건식 관리를 하게 된다.

민간 기업(民用企業): 이홍장은 조선투자국(輪船招商局)을 만들고, 기계방직국(機器織布局)도 만들었다. 이들은 시장 판매를 하고, 이윤을 추구하고, 주식을 팔고 이윤을 나누는 주식회사 형식으로 운영되었다. 그럼에도 이 기업들은 관독상판(官督商辦)의 운명을 넘어서지는 못했다.

신식 학당(新式學堂): 외국어학교, 군사학교, 정보학교(電報學堂), 기계학교(機械學堂) 등을 설립했고, 미국과 유럽에 유학생들을 보내기도 했다. 용굉(容閎)은 선교사에 의해 가장 일찍 미국으로 유학한 학생이다. 귀국한 이후, 증국번과 이홍장에게 유학생들을 미국으로 보낼 것을 건의하고 허락받았다. 4번에 걸쳐 청소년들(14-15세)을 보냈다. 이들은 미국에 가서 대학까지 다니면서, 서구식으로 성장하게 된다. 이에 보수파들은 이들이 출국하여 양귀신이 되었다고 비판했다. 그리하여 이들은 1881년에 귀국하게 되었고, 그때 귀국한 사람들 가운데 중국의 유명한 철도 대가 첨천우(詹天佑) 등이 있다. 그리고 1875-1894년 기간에 세 번 나누어 유럽으로 학생들을 보낸다. 거기서 선박과 제조 등 기술을 배우게 된다. 그리고 돌아와 북양해군(北洋海軍)의 주요 군관과 엔지니어가 되었다.

서양 과학기술 자료 번역: 이때 선교사들에 의해 『만국공법(萬國公法)』도 번역되어 세계 체계에 대해서도 배우게 된다.

해군 건설(建海軍): 청 정부는 해군 건설에 가장 많은 돈을 썼고, 북양해군은 양무운동의 열매라고 할 수 있다. 그러나 그 최후는 가장 비참했다. 북양해군은 1875년부터 1888년에 기본적으로 완성되는데 그 규모는 20여 척의 군함과 두 척의 철갑선(鉄甲艦)과 어뢰정(魚雷艇)이 있었고, 독일에 사 온 7,334톤급 정원호(定遠號)와 진원호(鎮元號)가 있었다. 정원호와 진원호는 아시아에서 가장 큰 군함이었고, 일본을 방문했을 때, 일본은 그 크기에 놀랐으며, 그 후 일본은 필사적으로 해군을 발전시킨다. 그 당시 중국의 해군력은 세계에서 7위를 차지했고, 두 개의 해군 기지를 두었다. 여순(旅順)과 위해(威海)이다. 이홍장은 "이 두 기지는 견고하여 그 누구도 침범해 들어오지 못한다"라고 장담했다.

그때 당시 일본은 이미 메이지유신[明治維新]을 통한 부국강병을 통해 조선을 발판(跳板)으로 하여 만주에 진출하고, 중국 화북 평원에서 결정적인 승리를 거두어 북경을 수도로 삼는 전략적 목표를 정했다. 드디어 1894년 조선의 동학혁명의 평정을 위해 파병하는 문제를 계기로 일본은 청일 갑오 전쟁을 발동한다. 사실 그 당시 일본 천황은 금식을 하면서 청일전쟁을 위해 자기 사비 은 30만 냥을 기부할 정도로 전쟁에 열중했다. 청일은 처음 황해해전(黃海海戰)에서는 대등한 전투를 하였지만, 청나라 이홍장이 북양해군을 바다로 진격하지 못하게 하고 유공도(劉公島)에만 머물도록 하면서, 일본에 포위되어 결국 북양해군이 전멸되는 큰 패배를 겪게 되었다. 갑오 전쟁에서의 북양해군의 대패는 중국 양무운동의 패배를 의미한다.

양무운동과 서양 선교사

미국 감리교 선교사 앨런(Young John Allen)은 마테오 리치 등 서양 선교사 선배들의 선교 노선이었던 "학문으로 선교를 돕는(以學輔敎)"의 방법으로, 서양 과학기술의 우세를 활용하여, 서학은 기독교에서 온 것임을 주장함으로, 서양 과학기술에 관심 있는 중국 지식인들을 끌려 했다. 그리하여 서양 과학을 받아들임과 동시에 기독교를 신봉할 것을 권했다.

앨런은 과학 지식이 중국인들의 미신을 타파해 준다는 의미에서 기독교의 전파에 도움이 된다고 생각했다. 과학과 종교는 그 대상에 있어서 다르다. 과학의 대상은 자연계, 종교의 대상은 인간의 정신과 신앙의 문제다. 그러나 종교적으로, 세계는 한 분의 전능한 하나님에 의해 창조되고 주재된다.

앨런은 『교회신보』를 창간하여 과학기술에 관한 많은 문장을 실었다. 그는 중국인들이 서양의 과학을 알게 되면 기독교인이 될 가능성이 크다고 생각했던 것이다. 그는 과학을 하나님의 자연계에서 걸작으로 생각했다. 자연계의 질서와 인과관계는 하나님의 창조의 결과다. 그러나 하나님은 직접 볼 수 없다고 했다. 그래서 인간은 두 가지 경로를 통해 하나님의 존재와 위대하심을 알 수 있다. 하나는 하나님의 계시, 즉 성경을 통해 하나님을 아는 것이고, 다른 하나는 하나님의 피조물, 즉 자연(사람 포함)을 통해서 하나님을 알 수 있다.

그리고 창세기는 분명하게 사람에게 다른 피조물들을 다스릴 권한과 능력을 주었다. 인간은 유일한 이성적인 피조물로, 피조 세계를 알 수 있을 뿐만 아니라, 그것을 통해서 하나님을 알 수 있다고 했다.

19세기 70년대에 양무운동은 최고조에 이르는데, 그 당시 중국 일부 지역에서는 근대화의 기상이 나타났다. 그래서 1874년 9월에는 『교회신보』를 『만국공보(萬國公報)』로 이름을 바꾸어 시사, 시정평론, 서학 전파를 위주로 하는 종합 주간지로 전환했다. 이는 그 당시에 진행되고 있던 양무운동에 영향을 주기 위해서였다.

그는 『만국공보』를 통해 양무파에게 이론적 지원과 여론 형성에 도움을 주려 노력했다. 예를 들면, 철도를 개설하는 문제에 있어서, 반대파들은 철도 건설이 투자가 많이 들고, 풍수에 나쁘며, 상인들의 생계를 위협하며, 백성들이 저항을 가져올 것이라 했다. 그들은 철도는 오히려 서양 열강들의 침략에 편의를 제공하여 오히려 국방에 불리하다고 했다. 『만국공보』는 이러한 보수파들의 논리를 비판하면서 양무파들을 지지하고 나섰다. 그는 근대화 과정 중에 철도는 경제 발전의 중추 역할을 하며, 군사 역량을 강화하고, 사회 민생에도 편리를 제공하는 등, 철로의 길이가 그 나라의 근대화의 정도를 나타낼 정도로 중요하다고 주장했다.

앨런은 양무운동을 『만국공보』를 통하여 서학을 전파하고, 시정에 참여하여 중국 정치 활동에 참여할 수 있는 기회로 삼았다. 그는 양무파 인사들에게 그들이 필요한 서학 지식을 제공하고, 양무운동을 구체적으로 어떻게 진행해야 하는지 책략도 제시했다.

뿐만 아니라, 양무운동의 철도 건설, 정보 건설, 군사 훈련 등 중대한 정부의 정책 문제들은 이전에는 조정의 고급 관리 내부에서 토론되었지만, 『만국공보』는 이러한 국가 대사들을 일반 지식인들도 접하게 하여, 정치와 의정에 관심을 갖게 하였다. 이는 중국 역사상 전혀 볼 수 없었던 새로운 사회 여론의 장이 열린 셈이다. 그 당시 사회적 상황을 볼 때, 『만국공보』의 양무운동에 대한 보도, 해석과 선전은 사람들이 양무운동에 대한 의혹과 오해를 해소하고 양무운동을 새롭게 인식하는 데 긍정적인 역할을 하였다. 관련 도서와 잡지 출간에 있어서 가히 타의 추종을 불허할 정도였다.

양무운동을 추진했던 관료들은 물론 양무운동의 중추였던 총리아문은 "양무 관원은 일상 중에 반드시 『만국공보』를 읽어 중국과 외국의 소식을 접하여 정기적으로 보고할 것"을 요구했다. 심지어 양무운동을 반대했던 보수적 관료들도 상대방을 알기 위해 이 신문을 읽었다. 그 당시 "『만국공보』는 공히 중화 제일 신문이었다".

앨런이 양무운동에 적극적으로 개입하게 된 것은 양무운동이 "중국의 서양화"를 이룰 수 있는 좋은 기회라 생각했기 때문이다. 그리고 양무운동은 『만국공보』의 의정 화제로 새로운 독자층을 형성하는 데 적절한 계기가 되었다. 군사력을 시발점으로 하여, 양무운동은 근 30년간 진행되면서 외교, 광산, 교통, 통신, 교육 등 광범위한 논의들이 이루어졌다. 청나라 지배 계층에 대한 영향력을 확대하기 위해 앨런은 모금하여 무료로 청나라 관리들에게 보급했다. 『만국공보』가 양무파와 완고 보수파 간에 계속되는 충돌 속에서도 모두 큰 관심을 끌었던 것은, 『만국공보』가 "중체서용"의 변법관을 가지면서 양무운동가들의 변법관과 궤를 같이했기 때문이다.

앨런은 『만국공보』에서도 "하나님은 인간과 사물의 주재로, 인간과 하나님은 동체이고, 하나님의 자녀로, 또한 하나님과 동역자이자, 만물의 주인이다. 만물은 하나님의 기업으로, 사람의 기업이기도 하다"라는 주장을 이어 갔다.

4. 중국 신지식인들의 중국 진로에 대한 새로운 탐구

1894년의 청일 갑오 전쟁에서의 중국의 치욕적인 패배는 중국 근대사의 중대한 전환점이 되었다. 이홍장은 일본과 치욕적인 "마관조약(馬關條約)"을 체결하게 된다. 이로 인하여, 중국은 식민지화가 심화되었고, 중국인들의 민족주의 각성의 이정표가 되었다.

"마관조약"의 주요 내용에는 대만과 그 부속 열도, 팽호열도(澎湖列島), 그리고 요동 반도(遼東半島)를 일본에 떼어 주고, 은 2억 2천만 냥(그 당시 일본 GDP의 4배 정도, 청 정부 GDP의 3배 정도)를 배상하도록 되어 있었다. 일본은 이 돈을 가지고 국민 교육을 발전시켰고, 중공업과 과학기술을 발전시켰으며, 영국과 미국으로부터 무기를 구입하였고, 경제 발전을 이루어 본격적 중국 침략을 위한 발판을 갖추게 되었다. 그 외에도 중국에게 중경(重慶) 등 항구를 개방하게 했다. 개방된 항구 연안에 공장을 설립하고 자본 투자할 수 있었다.

서양 열강들은 중국에서 최혜국대우를 획득했기에, 일본과의 협약은 다른 서구 열강들에게도 유효했다. 그 결과 청일전쟁의 패배는 서양 열강들이 중국을 분할하는 열풍을 일으킬 정도였다. 서구 열강들 사이에 서로 항구를 빼앗고 조계지도 쟁탈하는 경우들도 발생했다. 이로 인해 중국은 지금까지 없었던 민족적 위기와 국가적 위기를 맞게 되었다.

그리하여 구망도존(救亡圖存)은 그 당시 중국 지식인들의 시대적 과제가 되었다. 중국 지식인들은 갑오 전쟁의 실패 원인을 면밀히 살폈다. 그들의 문제는 어찌 '동쪽의 오랑캐'로 여겼던 일본에게 중국이 처참하게 패했고, 일본은 어떻게 중국을 이길 수 있었는가(被東夷小國日本打敗, 日本爲什么能打敗中國?)에 있었다.

청일전쟁이 일어난 1894년은 서태후(老佛爺)의 60세 생일을 맞는 해였다. 청나라 관료들은 그 분위기를 깨지 않으려 하여, 어떻게 일본을 이길 것인가보다는 어떻게 서태후를 즐겁게 할 것인가에 관심이 있었다. 그래서 그들은 될수록 어떻게 전쟁을 피하고 화해할 것인가에 열중했다. 이홍장도 북양해군의 군함들을 자신의 개인 재산으로 여겨 적극적으로 전투를 수행하려 하지 않았다.

중국이 일본에게 패한 것은 단순한 무기와 군함에 있었던 것이 아니라, 제도의 문제와 부패의 문제에 있었다. 그리고 일본이 승리한 것은 일본이 걸어온 메이지유신과 입헌군주제(君主立憲)에 있었다고 생각되었다. 지난 30년간의 청나라의 양무운동은 "일은 바뀌었지만 법은 별로 바뀌지 않았던 것"이다(只是變了務, 沒有變了法).

양무파들은 중체서용을 주장하면서 서양의 공업과 기술은 배웠지만, 정치사상은 배우지 않았다. 이홍장은 메이지유신을 비판하면서 유학이야말로 가장 높은 학문이라고 하면서 스스럼없이 자신은 "도배장이(裱糊匠)"에 지나지 않는다고 했다. 양무운동은 외국 자본이 들어왔지만, 정부 관료들과 결탁하고 타협하면서, 중국의 식민화 과정을 저지하지 못했다. 양무파가 산업을 독점하면서, 관료주의로 인한 부패를 막을 수 없었고, 지나친 낭비가 이루어지기도 했다. 그리하여 세웠던 많은 기업들도 파산에 이르게 되었던 것이다. 더 나아가 청나라의 봉건 완고파들은 서양을 배우기를 거부했다. 예를 들면 철도를 놓는 것에 있어서도, 그들은 기차가 조상들이 땅 아래에서 조용히 머물 수 없게 하고, 실업을 만든다(挑夫失業)고 반대했다.

그리하여 중국에서는 일본처럼 정치제도 개혁을 이루어야 한다는 사조가 일어나기 시작했다. 그들은 "변하면 성공하지만 변하지 않으면 망한다(變則成不變則亡)"라고 주장했고, 캉유웨이[康有爲]와 같은 유신파(維新派)들은 고금 중서의 변법 과정과 역사적 경험들을 참고하여 일본의 천황

과 러시아 표트르대제의 개혁을 모
방한 정치 개혁을 주장했다. 캉유웨
이는 7번이나 황제에게 상서(上書)하
고, 『공자개제고(孔子改制考)』 등 책을
저술하면서 변법을 강하게 주장했
다. 그 외에도 학회(强學會) 등을 조직
하고, 저널과 학당들을 통해 자신의
개혁 사상을 전파했다.

___ 캉유웨이

중국 근대사에서 캉유웨이의 사
상적 기여는 군주헌정제, 즉 근대
국민 국가를 기획했다는 데 있다. 그는 국민 국가의 가장 중요한 구성 부
분은 '균질적 국민'을 형성하는 것으로, 유교를 서구의 기독교처럼 시민
종교화하여, 상하 일체의 '근대적 국민'을 형성하려 했다. 이러한 변법 운
동의 이론적 근거는 옌푸[嚴復]의 사회진화론과 캉유웨이의 새로운 유교
해석, 즉 공양삼세설(公羊三世說)이었다. 캉유웨이는 공자를 제도 개혁의
교주로 내세웠다. 양무론자들이 서학으로 중학의 부족점을 보완하려 했
다면, 캉유웨이는 중국의 전통 사상에 근대화적 해석을 가했던 것이다.

캉유웨이를 중심으로 진행된 "백일유신(百日維新, 1898년 6월 11일-9월
21일)" 기간에 2백여 개의 새로운 행정명령이 내려졌고, 관제개혁(改革官
職)도 추진되었다. 거기에는 백성들은 자유롭게 황제에게 상서하고, 만
주족(旗人)들은 스스로 생계를 해결하고(自謀生計), 공상업을 발전시키자
는 내용도 들어 있었다. 그 외 신식 육군제도(陸軍兵制), 경사대학당(京師大學

堂, 1898, 베이징대학교의 전신)을 설립하고, 과거제도를 개혁하고 유학생을 보내고, 학회를 조직하는 것 등 자본주의 사회에 부합되는 개혁을 제안했다.

캉유웨이의 개혁 방안이 서태후를 대표로 하는 보수파들의 이익이 크게 침해하면서, 보수파들은 무술정변(戊戌政變)을 일으켜 유신변법을 좌초시켰다. 그래서 서태후의 훈정(訓政)이 다시 회복되고, 캉유웨이의 든든한 후원자였던 광서제의 친정(親政)은 회수되었으며, 오히려 중남해에 구속되는 신세가 되었다. 유신파들은 체포되고 심지어 사형에 처해졌다. 그때 캉유웨이와 량치차오[梁啓超]도 해외로 도피하였다. 결국 무술유신은 철저히 실패했다. 이는 중국 근대에 있어서의 첫 번째 정치 개혁 실험이 실패로 끝났음을 뜻한다.

무술변법 실패의 주요한 원인은 보수 세력과 개혁 세력(일부 지식인들) 간의 세력 차이였다. 중국은 일본의 상황과는 많이 달랐다. 중국은 그 당시 민간 지식인들의 정치 참여 의식이 결여되어 있었고, 자본가와 노동자 계층이 아직 엷어 그들의 큰 지지를 얻지 못했다. 한마디로 대표자들은 있었으나 그 후원 세력이 너무 취약했던 것이다.

그리고 캉유웨이와 량치차오 등 유신파들의 정치적 미성숙도 한몫을 했다. 그들은 과도하게 일본과 영국의 변법과 같은 효과를 기대했고, 일본의 모델을 전적으로 도입하려 하여, 중국의 상황을 충분하게 고려하지 못한 측면이 있다. 캉유웨이는 그의 『일본변정고(日本變政考)』에서 "우리의 변법은 일본을 따르면 모든 것이 족하다"라고 했다. 그들은 중국의 상황에서 출발한 개혁 방안을 만들지 못했다. 캉유웨이는 "서양의 변법은 3백 년, 일본은 30년, 중국은 3년이면 된다"라고 장담했다. 개혁의 면도 너무 넓어, 보수파의 강한 저항과 더불어 사회적 호응을 크게 얻지 못했다.

그 당시 일본은 유신변법 인사들을 보호하려 했다. 유신변법의 중요한 인사였던 담사동(譚嗣同)은 그들의 보호를 거부하면서 역사에 남을 유명한 말을 남겼다. "각국의 변법은 피를 흘리지 않고 이룬 적이 없다. 나는 지금까지 중국에서 변법을 위해 피를 흘린 자가 있다는 얘기를 듣지 못했다. 그러나 오늘부터 있게 되었다. 그것은 바로 담사동 나로부터일 것이다." 담사동과 그 일행은 북경 채시구(菜市口)라는 번화 거리에서 참수를 당하게(斬首示衆) 되는데, 볼거리가 생겼다고 많은 구경꾼들이 몰려들었다. 서태후는 도살자(劊子手)에게 무딘 칼(用鈍刀)을 써서 30여 번이나 찍도록 했다고 한다. 사실 담사동은 관직에 있었기에 삶을 즐기면서 살 수 있었지만, 나라와 민족과 백성들을 위한 길에서 희생을 택했던 것이다. 그러나 무지한 백성들은 담사동을 죄인으로 바라보면서, 박수까지 치면서 좋아했다고 한다. 후에 루쉰[魯迅]은 그의 소설 『약(藥)』에서 백성들의 무감각(麻木不仁)을 풍자하여, 형벌이 끝나고 백성들은 달려가 그의 피에 만두를 찍어 먹으면서 폐병에 좋다고 했다고 한다. 루쉰은 백성들의 눈이 열리지 못한 것(民智未開)이 중국 개혁의 가장 큰 문제라고 생각했던 것이다.

유신변법은 비참한 최후를 맞았지만, 그들의 운동으로 중국에서는 서양 계몽사상이 강하게 전파되었다. 자본주의 사상, 자유평등, 사회진화사상이 전파되면서 봉건 전제제도와 윤리 도덕이 비판되었다. 그 당시 서양의 많은 정치사상이 소개되었다.

옌푸는 사회진화론(天演論)을 통해 적자생존(适者生存, 物競天擇)의 이론을 소개했다. 이는 중국인들에게 큰 영향을 끼쳤다. 그는 양무파들의 중체서용론(中學爲體, 西學爲用)의 관점을 "소를 말로 쓰는 격(牛體馬用)"이라고 비판했다. 사회진화론은 자연의 적자생존, 약육강식의 법칙을 인간 사회에 적용한 이론으로, 그 시대적 상황에서 중국 지식인들의 적극적인 호응을 받으면서 중국의 유교적 세계관을 상대화하는 계기를 만들었다. 그래서 옌푸는 중국 사상사의 측면에서 중국의 '지식학적 패러다임 전환'을 이룬 사람으로 평가받는다. 그는 모든 가치, 제도, 문화 등 내용을 판단하는 유일한 기준은 국가를 강화시키는 것에 입각해야 한다고 주장하여, 이전의 경전을 기준으로 삼던 것으로부터 국가를 선택과 판단의 기준으로 삼았던 것이다. 그는 유가의 덕목도 국가의 부강에 도움이 되지 않으면 포기해야 한다고 했다. 이처럼 중국에서 "천하"가 아닌 국민 국가 형성의 합리성을 가장 먼저 제시한 사람이 옌푸이다. 옌푸의 사회진화론은 그 이후 중국의 거의 모든 개혁론과 혁명론의 이론적 토대가 된다. 결국 그에 의해 중체서용론의 사유 구조가 해체되고, 양무운동의 이론적 토대가 크게 흔들리게 되었던 것이다.

량치차오는 변법 운동 실패의 원인을 백성의 지혜 부족이라는 국민성에서 찾았다. 그는 『신민설』에서 국민 형성을 강조했다. 거기서 그는 근대 국가에 걸맞은 국민을 어떻게 창출할 것인가에 골몰했다. 그에게는 국가 의식을 가진 국민의 형성이 급선무였다. 국민이라 함은 스스로 정치를 할 수 있는 자치 능력이 있어야 하고, 그것의 통합체로 국가가 구현되어야 한다는 것이다. 그래서 국가의 혁신은 반드시 인민의 각성에 의한 자치, 자존, 단결(合群), 공덕(公德)에 의해 성공할 수 있다고 생각했다. 그는 결국 국민의 애국 의식이 창출되어야 명실상부한 근대 국가가 탄생될 수 있다 생각했다.

대청제국은 이제는 "치료 약"이 없게 되었다. 위로부터 아래로의 개혁의 길이 막혔으니 이제는 남은 길은 아래로부터의 혁명의 길뿐이었다.

무술변법과 서양 선교사

앨런 선교사는 각국의 정치는 서로 다른 사상에서 나왔다고 주장했다. "사상과 정치는 상호 내포적으로, 그 사상이 어떠하면 그 정치도 그에 따르게 된다. 그렇기에 사상이 나라의 근본이다." "사상이 국가의 근간으로, 사상이 없으면 입국할 수도 없으며 국가의 흥망도 그 사상적 기틀에 달려 있다." 사상이 나라 정치의 근본일진대, 어떤 사상이 나라의 발전과 강성을 이룰 수 있는가? 그는 기독교를 믿지 않는 나라들은 모두 전제와 폭정을 하기에 오직 기독교를 믿는 나라들만이 정치가 발전한다고 주장했다. 그 실질적인 예로, 미국은 기독교에 토대를 두는데, 그는 "미국은 설립 때부터, 수많은 정치와 사상들이 유럽을 통해 미국에 소개되었지만, 미국은 기독교의 성경을 근본 원리로 토대로 삼았다"라고 했다. 그 원인은 "하나님을 천부로 유일한 존엄을 두고, 세상을 바라보면, 세상 사람들은 모두 형제로, 모두 권리와 주권과 자치와 존귀를 누리면서 그 누구도 다른 사람의 권한을 침범하거나 자포자기하지 않고, 형제의 사랑으로 각자의 자주와 평등의 권한을 누리면서, 생명과 재산의 자주를 누리고, 율법의 보호를 받게 되어 그 누구도 법의 보호를 받지 않는 자가 없이 한다는 것이 미국이라는 나라의 근본"이기 때문이라 했다. 앨런이 이처럼 기독교를 미국의 국가와 정치의 근본으로 강조한 것은 그 당시 서양 국가들의 강력함에 기초하여 기독교의 가치를 논증하려 했기 때문이다. 그는 중국인들이 "중세"에서 벗어나, 서화(西化)되어, 중국이 미국식 "신대륙"이 되어 기독교 문화가 거침없이 발전하도록 해야 한다고 생각했던 것 같다.

청일 갑오 전쟁에 패배한 후, 중국에서는 내우외환이 더해지면서 변법과 서양을 배워야 한다는 요청이 더해졌다. 그러나 서양 언어와 서양 경험이 없었던 그들은 새로운 지식에 대한 갈망을 서양 선교사들의 번역과 신문에 의존할 밖에 없었다. 『만국공보』는 다시 한번 중요한 역할을 감당하게 되었다.

1894년 12월 앨런은 『만국공보』에서 중국과 일본이 거의 동시에 서양에 대해 배웠지만, 그 결과는 매우 달랐다고 한다. 그 원인은 일본은 꾸준히 철도, 전선, 우전, 광산 개발, 통상 외에도 서양의 법과 입법원(국회)와 공민 선거까지도 서양의 좋은 것들은 다 배웠지만 중국은 배우는 시늉만 했다는 것이다. 그러면서 그는 중국의 변법의 시급성을 강조했다. 변법의 구체적인 방안도 내놓았다. 그것은 "서양의 법을 배

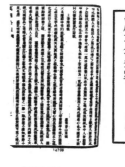

___ 『만국공보』

위 개혁한다(效西法以求變通)"는 것이었다.

앨런은 『전세계개관(環球地球略述)』에서 일본의 "새 정치(新政)"가 성공한 요인은 서양을 스승으로, 서학을 중시하고, 기독교의 도움으로, 사회 변혁의 위로부터 아래로의 철저한 이행이 있었기 때문이라고 했다. 이러한 소개는 캉유웨이와 량치차오 등 유신파들이 일본의 메이지유신을 본보기로 삼는 데 큰 역할을 했다. 『만국공보』의 변법 사상은 일부 깨어 있는 이들이 국가의 미래와 운명을 위하여 투쟁하는 행동을 이끌었다. 북경에서 1895년에서 1896년 사이 유신변법의 첫 몇 개월간, 캉유웨이가 이끌었던 개혁 클럽이었던 "강학회(强學會)"도 잡지를 만들었는데, 앨런의 『만국공보』의 문장들을 그대로 실었을 뿐만 아니라, 잡지의 이름까지도 『만국공보』로 했다. 이를 통해 앨런이 유신파에 미친 영향을 짐작할 수 있겠다. 앨런의 사상은 그 시대 국가와 민족의 출구를 찾는 중국 지식인들에게 설득력 있게 다가갔던 것이다.

특히 청일 갑오 전쟁의 역사를 상세히 다룬 『중동전기본말(中東戰紀本末)』은 앨런 등이 『만국공보』에 연재한 보도들을 후에 형세의 필요에 의해 편찬한 책으로, 그 당시 중국 지식인들에게 설득력 있게 다가갔다. 책은 사실적 자료에 근거하여 객관적인 평가를 내렸다는 평을 받았다. 『중동전기본말』의 변법과 체제 개혁 그리고 정세의 변화에 대한 사상은 그 당시 유신파들에게 큰 영향을 미쳤다. 위로는 광서제, 아래로는 일반 학생들에게 이르기까지 모두 읽었다고 한다. 강학회는 이 책을 총리아문에 보내, 총리아문으로부터 감사의 회신을 받기까지 했다. 이홍장은 이 책을 보고 잘 썼다며 많은 사람들이 읽게 하라고 했다고 한다. 이 책이 설득력이 있었던 것은 중국 사회의 병폐를 잘 드러내 주었고, 그 사회의 요구에 부합되었기 때문이다. 1896년 아직 유신 운동이 고조에 이르기 전에는 중국 사회에 대해 격렬한 논조로 중국의 적폐를 비판하고 중국의 정치를 비판한 것을 찾을 수 없었다. 청 정부의 부패와 국제 정세에 대한 무지에 대한 비판으로 조정의 대신들에게 일침이 되었다.

『중동전기본말』은 중국은 서양 현자를 임용하여(敦聘西國賢臣) 정부의 책사(賓師)로 임명하여 중국의 새로운 정치(新政)를 기획할 것을 제안했다. 앨런은 논설에서 "중국은 일본에 항복하고, 친영, 친미 정책을 펴서 러시아에 공동으로 대항하라"라고 주장했다. 더 노골적인 것이 「인도예영 12익설(印度隸英十二益說)」이라는 글인데, 그는 인도가 영국의 식민 통치를 받으면서 얻은 12가지 "이득"을 열거했다. ① 분쟁이 종식되었으며('息紛爭'), ② 도적이 자취를 감춰('禁盜賊'), ③ 법률 체계가 섰고('正律法'), ④ 환자와 가난한 사람이 구제받았으며('拯疾苦'), ⑤ 철로가 놓였다('筑鉄路'). ⑥ 수원이 개발되고('浚水源'), ⑦ 건축과 보수 작업이 활발하게 되었으며('興營繕'), ⑧ 문자가 널리 보급되었고('廣文學'), ⑨ 관료의 공부 집행법을 가르쳤으며('課吏治'), ⑩ 시정을 논했고('論時政'), ⑪ 이익이 증진하였으며('增進益'), ⑫ 소식을 통하게 했다('通聲氣').

앨런은 계속하여 "내 생각에는 조나라 깃발을 잠시 한나라 깃발로 바꾸는 방법이다. 먼저 동남쪽 지방에 두 곳의 성을 선택하여 영국에 그 땅을 빌려주고, 이익이나 손해가 생기는 것에 상관하지 말고, 영국이 그 땅을 치리하게 한다. 인도를 치리하던 방식으로 이제는 중국을 치리할 때다. 그렇게 약 50년이 지나면, 아이들은 교육을 받아 식견이 크게 넓어질 것이다. … 땅은 여전히 중국 땅이기에 사람들은 출중한 인물로 변하게 될 것이다"라고 주장했다.

『만국공보』는 40여 년간 약 1천 기를 출간했는데, 기마다 중국의 빈약한 상황을 보도하면서 변혁의 소리를 내었다. 특히 청일전쟁 이후,『만국공보』의 정치적 색채가 더 깊어지고, 변법에 대한 주장도 더 강해졌으며, 중국의 변법에 관한 문장들도 더 많아졌다. 그래서 그 시대의 여론을 형성하는 데 강력한 통로가 되었다. 유신파에 영향력을 끼친 선교사들로는 리처드(Timothy Richard, 1845-1919), 앨런, 리드(Gilbert Reid), 파버(Ernst Faber) 등이『만국공보』를 통하여 변법의 목소리를 계속 높이면서, 유신 사상의 형성에 추동 역할을 하였다. 캉유웨이, 량치차오, 담사동 등 유신변법을 주도한 인물들은 거의 모두 선교사들의 변법에 관한 언론의 영향을 크게 받았다.

1895년 캉유웨이가 광주에서 강학을 할 때, "서학을 열람하기를 즐겨, 상해 강학회에서 출판된 책과 신문들은 거의 대부분 구매했었다"라고 했을 정도였다. 1895년에 캉유웨이가 황제에게 올렸던 상소문(奏折) 중, 변법에 관한 이론, 부국 양민 교민의 법은 그 내용에서 표현까지, 거의 모두 리처드의 "열국의 백성을 다스리는 방법들(列國治民諸法)"에 관한 재진술에 가까웠다. 이는 분명한『만국공보』의 영향이다. 리처드는 "내가 놀랍게 발견한 것은 그들은 내가 이전에 건의했던 사항들을 거의 전부 그들의 상소문에 집약하여 반영하였다"라고 했다.

심지어 광서제까지도『만국공보』를 자주 읽었다. 그가 개혁을 단행하려 했던 것도 강학회의 번역서들의 영향이 컸던 것으로 알려진다. 황제는 캉유웨이가 준 책들을 읽으면서 "만국에 대해서 더 분명하게 알게 되고, 변법의 의지가 더 군건하게 섰다"라고 했을 정도였다. 광서제가 강학회에서 구입한 책만 89여 종류였다고 한다.

량치차오도 서학 도서 목록을 작성하였는데, 그중에 강학회의 서적이 22여 종류로, 그중에 최고로 리처드의 『서양역사개관(泰西新史概覽)』과 앨런의 『만국공보』를 꼽았다. 그는 "중국의 시국을 통달한 책은 앨런의 '『동방시국론(東方時局論)』'과 '『중서관계약설(中西關係略說)』'이다"라고 했다. 담사동도 학관을 열면서 『만국공보』와 기타 잡지들을 반드시 비치해 두도록 했다고 한다.

이처럼 『만국공보』는 중국 초기 서양화하는 과정에 매우 중요한 역할을 했다. 거의 『만국공보』의 여정이 초기 중국 개방의 여정이었다고 말할 수 있을 정도다. 서예(西藝)로부터 서정(西政), 그리고 서교(西敎)에로의 진전은 모두 『만국공보』와 강학회의 번역과 긴밀히 연관되어 있다. 이처럼 『만국공보』가 대량의 서양 학문과 시사 정보들을 싣고, 그 당시 중국 지식인들이 서양과 국내외에 발생한 큰일들을 알린 것은, 유신파들이 새로운 사유를 얻을 수 있는 소재가 되었고, 변법 운동을 위한 초석을 놓았다.

그러므로 앨런의 『만국공보』가 변법 운동의 유력한 추진자였다고 할수 있다. 그 당시 개혁을 주장했던 사람들은 거의 모두 『만국공보』의 영향을 받았다고 해도 과언이 아니라고 한다. 1895년 이전 중국의 개혁사상에 가장 큰 영향을 미친 신문은 『만국공보』였다고 말할 수 있다. 1898년에 『만국공보』는 그 발행 부수가 3.8만 부로, 그 당시 가장 큰 발행 부수를 가졌던 『시무보(時務報)』를 훨씬 웃돌았다.

의화단 운동과 반기독교

의화단(義和團) 운동은 1899-1901년, 약 3년에 걸쳐 청나라와 의화단이 반외세, 반제국주의, 반기독교를 내걸고 서구 열강 8개국 연합군과 벌인 국제 전쟁이다.

서구 열강의 경제적 침탈에 가장 고통받는 것은 민중이었다. 내륙 시장이 개방되고, 물가가 폭등하고 굴욕적인 조약들이 거듭되면서 늘어난 배상

___ 의화단

금은 세금으로 가중되었다. 이 같은 서양 세력에 대한 반감은 반기독교 운동, 이른바 '구교운동(仇敎運動)'으로 표출되었다. 치외법권과 선교관용 조약으로 내륙 포교가 허용됨과 동시에 중국 전통 질서의 파괴로 중국 민간에서 기독교에 대한 반감이 거세졌다. 이 같은 반외세 정서는 의화단 운동이 발발하게 된 원인이다. 이들은 '청을 돕고 함께 양이들을 물리치자!'는 부청멸양(扶淸滅洋)을 구호로 내세워, 외국인들이나 공사관에 공격을 가했다. 결국 188명의 서구 선교사들과 그 가족들이 희생되었고, 약 4만 5천 명에 달하는 중국인 기독교인들도 살해되었다. 의화단은 당

시 극심한 잔혹 행위를 자행한 것으로 알려진다.

이에 서구 열강은 청 조정에 의화단의 진압을 요청했지만, 청 조정은 진압을 할 여력조차 없었다. 영국 등 열강들은 자체 병력으로 의화단을 진압하기로 결정하고 병력을 북경으로 이동시켰다. 청은 군을 동원해 이들이 북경으로 들어오지 못하게 막았고, 서태후는 의화단과 손을 잡기로 결정한다. 청 조정은 1900년 6월 21일에 서양에 선전 포고를 한다. 그러나 선전 포고를 한 지 2달도 채 넘기기 전인 8월 14일에 북경은 연합군에게 함락당한다. 서태후와 광서제는 간신히 서안으로 도망쳤다. 임자 없는 북경에서 연합군은 학살, 약탈, 납치 강간 등 보복을 감행했다.

청은 이 전쟁에서 패하였고, 결국 중국은 1901년 9월 7일에 영국, 독일, 일본, 미국 등 11개국과 "신축조약(辛丑條約)"을 체결했다. 그 주요 내용에는 청나라는 배상금 4억 5천 냥을 연리 4%로 1940년까지 지불할 것, 북경에 공사관 구역을 설정하며 북경과 산해관까지의 철도 연변에 열강의 군대를 주둔시키면서 치외법권 지역으로 남길 것 등이 있었다. '신축조약'으로 청나라는 열강의 반식민지로 전락하고 말았다. 이제 중국은 막대한 배상금의 지불로 휘청거리게 되었다. 청나라는 더 이상 자력으로 중국을 통치할 수 없게 되었고, 서구 열강들에 의해 국권이 박탈된 반식민지 상태로 전락하고 말았다.

중국 지식층은 물론, 일반 민중들 사이에서도 이대로는 안 된다는 절박한 의식이 자리 잡게 된다. 지식층은 서구 문물을 계속해서 받아들이는 청 정부에 대한 회의와 실망감이 늘면서 한족을 중심으로 한 민족주의가 대두되었고, 결국 이는 1911년에 신해혁명이 일어나는 밑바탕이 된다.

『만국공보』는 의화단 운동이 발생하자 의화단 운동에 대한 비난을 쏟아 냈다. 1899년 132기에 산동성 공리회 선교사가 쓴 「산동의화권비론(山東義和拳匪論)」이라는 글을 발표했고, 그다음은 「경진권비난시기요(京津拳匪亂事紀要)」라는 글을 10여 회에 걸쳐 연재하여 의화단의 난을 비판했다. 앨런은 1904년 『만국공보』 181기에 「중화시국총론(總論中華時局)」이란 글에서, 각국은 다시 중국에서 세력 범위를 나눌 것을 주장하기도 했다. 1901년의 강학회 연례회에서, 앨런은 "어떤 의미에서 중국은 이미 기독교 국가가 보호하는 국가가 되어, 그들은 우리의 가르침과 개화의 권력 아래 놓이게 되었다"라고 하였다.

신해혁명: 혁명파 지식인들의 중국의 진로 탐구

1911년의 신해혁명(辛亥革命)은 중국사에서 필연적인가 아니면 우연적인 것인가? 그 당시 중국의 상황은 더 나은 미래로 나아가려면 혁명은 거의 필수적이 되었다. 이는 그 시대 적지 않은 사람들이 혁명의 필요성을 느끼게 되었음을 뜻한다. 그러나 혁명의 구체적인 시간과 방식은 우연성에 근거하기도 한다.

의화단 운동에 의한 "신축조약"으로, 청 정부는 사실상 '서양인들의 조정(괴뢰정권)'이 되어 버렸다. 청 정부는 더 이상 개혁의 힘을 발휘할 수 없게 되었고 오히려 더 부패하고 더 매국적이게 되어 갔다. 그리하여 중국 민중의 각계각층은 일어나 조세를 반대했고, 러시아 반대 운동과 미국 제품 반대 운동, 그리고 반종교 운동, 주권회복 운동 등등 각양각색의 청 정부 반대 운동들이 동시다발적으로 일어났다.

그 당시 중국은 공상업의 발전과 더불어 개명된 지식인 계층과 자발적인 시민 단체들도 많이 형성되어 있었다. 그리고 신식학교들도 많이 형성되어 있었고 유학생들도 많이 양성되어 있었다. 그리고 무술변법을 통하여 군중들의 애국 의식도 형성되었고, 새로운 사상과 새로운 문화도 폭넓게 형성되어 있었다. 특히 쑨원[孫文]이 이끄는 동맹회를 중심으로 혁명 역량이 형성되어 있었는데, 황싱[黃興]과 같은 리더들도 두텁게 형성되어 있었다. 그리하여 혁명을 위한 역사적 기회는 만들어져 있었다. 즉 역사의 필연성이 대두되어 있었던 것이다.

이처럼 혁명의 상황은 무르익어 갔지만, 그것의 성공은 우발성을 띠기도 한다. 쑨원은 혁명의 승리를 위해 무장봉기를 여러 번 일으켰다. 처음에는 윈난, 광시와 같은 주변 지역에서 발동했다. 그러나 번번이 실패를 거듭했다. 그러다가 1911년 10월 10일에 우창 봉기가 우연하게 성공하게 된다. 10월 9일 저녁에, 혁명 당원인 쑨우[孫武]가 우창에서 폭탄 실험을 하고 있었다. 그런데 옆에 류퉁[劉同]이라는 친구가 옆에서 담배를 피우고 있다가, 우연하게 폭탄에 담뱃불이 튕겨 폭발하고 말았다. 그리하여 한커우 조계지[漢口租界]에 대한 대대적인 조사를 하면서 많은 혁명당원들을 살해했다. 정황이 이렇다 보니 분위기가 살벌해졌다. 공정 제8영 신군 부대의 소대장(排長) 타오치성[陶啓勝]이 순찰하면서 병사들에게 욕을 했는데, 청딩궈[程定國]라는 이가 총의 개머리판(槍托)으로 타오치성의 머리를 갈겨 버렸다. 타오치성이 상황이 불리함을 알고 도망치는데, 청딩궈는 총을 들어 한 방 날렸다. 결국 이 우연한 충돌이 우창 봉기의 첫 한 방이 되었다. 결국 이 한 방이 중국 몇천 년의 역사를 바꾸는 계기를 제공했다.

혁명적 분위기가 무르익어 일촉즉발의 상황이었기에 우연적인 사건으로 혁명이라는 필연적인 결과를 낳게 된다. 결국 우창 봉기는 성공하였고, 전국적인 호응이 일어나면서 신해혁명은 한 달 안에 13개 성시(省市)에서 봉기가 일어나고, 청 왕조로부터 독립을 선포하기에 이른다.

청나라는 더 이상 봉기를 진압할 힘이 없었다. 청조는 샤오잔[小站]이라는 지역에서 군사를 훈련하고 있던 북양군의 위안스카이[袁世凱]에 의지할 수밖에 없었다. 그런데 위안스카이는 야심가로 기회를 이용하여 청 황궁에 압력을 넣었다(乘機逼宮). 그는 혁명가들의 힘을 빌려 청조가 은퇴하도록 했고(淸王朝退位), 다시 청조의 힘을 이용하여 혁명가들에게 압력을 행사하여 자신이 중화민국의 첫 대통령 자리를 차지했다. 결국 1912년 2월 12일에 청조가 퇴위 조서를 반포함으로(頒布退位的詔書), 중국은 267년간의 청조의 통치를 마감하게 된다.

중화민국 난징 임시정부는 3개월 만에 쑨원의 임시 대통령의 자리를 위안스카이에게 넘겼다. 결국 위안스카이가 중국 혁명의 성과를 가져간 셈이다.

신해혁명은 무엇을 추구했는가? 쑨원의 삼민주의(三民主義)를

_____ 위안스카이

주장하면서 중국에 미국적 정치 제도를 확립했다. 쑨원의 삼민주의도 링컨의 "국민의, 국민에 의한, 국민을 위한(民有, 民治, 民享)"에서 계발을 받았다고 한다. 신해혁명을 통해 건립한 중화민국이 지니는 가장 큰 역사적 의미는 지난 2천 년간의 봉건 전제 체제를 뒤엎은 것이다. 공화 정권을 수립하여 황제를 끌어내리고 주권이 국민에 있음을 알렸다(主權属于國民全

___ 쑨원

體). 즉 백성이 나라의 주인이 된 것이다. 관료들에게 머리를 조아리는 관습이 없어졌고, 노비제도와 부녀의 전족이 취소되고, 남자들은 긴 머리채를 할 필요가 없었다. 그리하여 사회적 풍조도 바뀌게 되었다(移風易俗). 그때부터 서양을 문명으로 생각하여 서양의 물건들에 모두 문명이라는 글자가 붙게 된다.

그러나 중화민국 대통령의 권한은 황제의 권력에 비하면 매우 제한적이고, 중대사는 모두 국회에 의해 결정되었기에, 위안스카이는 다른 계획을 세웠다. 위안스카이는 가장 큰 야당이었던 국민당의 주석 쑹자오런(宋敎仁)을 상하이 기차역에서 암살하고 국회를 마비시킨 뒤, 1915년 12월 다시 황제의 자리로 등극한다. 이에 반대하여 남방의 군벌들인 차이어(蔡鍔) 장군 등이 독립을 선포하면서 위안스카이에게 압력을 행사하여 결국 위안스카이는 황제의 자리를 취소하고 몇 개월 후 죽게 된다. 그 후 중국은 북양 군벌의 통치 시대가 된다.

중국 혁명과 서양 선교사

앨런 선교사는 쑨원의 무장투쟁에 대해서는 처음부터 반대했다. 1896년 쑨원이 런던에서 청 정부에 의해 체포된 뒤, 앨런은 「구금일범(拘禁逸犯, 도주범을 구속하라)」이란 글을 발표했다. 그는 쑨원이 광둥에서 무장투쟁을 벌이는 것을 멸시하면서, "광둥 일대에서 유언비어를 날조하고, 좁은 식견을 갖고 있다"라고 말했다. 쑨원이 영국에서 청 정부에 의해 납치되고 후에 친구의 도움을 받아 탈출하자, 앨런은 쑨원을 향해 "온갖 상식에서 벗어난 행동 때문에 그 죄가 더 무거워졌다"라고 공격했다. 그리고 1907년 3월에는 「사회당의 폐단(社會黨之流弊)」이라는 글을 실었는데, 원제는 "사회주의 부작용"으로, 이미 중국에 퍼지기 시작한 마르크스주의를 반대하는 글을 실었다. 그는 "최근 사회당은 유럽과 미국에서 가장 유행하고 있지만, 그 사상이 극단으로 치우치게 되는 것을 면하기 어려워, 반대하는 자가 많다"라고 했다.

신문화 운동과 중국 마르크스주의 운동

중국 역사에서 위안스카이의 기여는 청 정부를 평화적으로 폐위시킨 데 있다. 그는 황제 복귀를 준비하면서 존공독경(尊孔讀經)과 존공제천(尊孔祭天) 활동을 대대적으로 독려하고 나섰다. 그의 황제 등극의 명분은 입헌군주제였다. 그리하여 캉유웨이 등의 지지를 얻기도 했다. 그러나 신해혁명의 실패와 위안스카이의 복고주의에 대한 반성으로, 중국의 신지식인들은 신문화 운동을 일으켰고, 그것이 다시 5.4 운동을 거치면서 반제국주의로 나아갔으며, 중국의 출로를 새롭게 찾아 나섰다. 여기서 신지식인이라 함은 중국의 유가를 중심으로 하는 전통적인 지식인과 구별된 이들로, 이들은 오히려 유가를 비판하면서 서구의 과학과 민주 사상을 적극 수용한 자들이라 할 수 있겠다.

신문화 운동의 기수인 천두슈[陳獨秀]는 중국에서 정치혁명만으로는 한계가 있다고 생각했다. 그는 "나라를 구하고 공화를 건립하기 위해서 먼저 사상을 혁명해야 한다"라고 주장하였다. 그는 1915년에 『청년잡지(靑年雜志)』를 발간하여, 「청년들에게 고함(敬告靑年)」이라는 발간사에서 "인권, 생물진화론, 사회주의"는 근대 문명의 특징으로, 이러한 사회 개혁을 위해서는 청년들이 깨어나야 하는데, 청년들은 자유, 진보, 과학을 숭상하고, 시야를 세계로 넓히고, 진취적인 실천자들이 되어 줄 것을 부탁했다. 그는 근대 유럽의 부강의 원인을 분석하면서 인권과 과학이 사회 발전의 동력이 되었다며, 중국도 "과학"과 "민주"라는 깃발을 높이 들어야 한다고 했다. 이것이 신문화 운동의 선언이 되었다. 그리고 1년 후에는 잡지명을 『신청년』으로 바꾸었고, 바로 이 잡지가 중국 신문화 운동의 표지가 되었다. 이듬해, 1916년에 천두슈는 베이징대 차이위안페이[蔡元培] 총장의 요청으로 베이징대 문과대학장이 되었고, 베이징대학의 교수진이 『신청년』의 집필자로 대거 참여했다.

그중에는 후스[胡適], 리다자오[李大釗], 루쉰 등이 유명하다. 이들은 중국의 봉건예교(封建禮敎)를 비판하고, 과학과 민주를 선전하고, 신문학(白話文)

을 제창하였다. 이들은 모두 공화와
입헌이라는 제도가 도입되어도, 국민
들의 자각과 자발적인 움직임에 기반
을 두지 않으면 아무런 소용이 없다고
생각했다. 중국인들의 윤리 의식과 도
덕의 변화가 없는 정치적 변화만으로
는 중국의 진정한 변혁을 이루기 힘들
다고 판단했던 것이다. 이들은 기본적
으로 중국 위기의 근본 원인이 중국의
노예적이고 보수적인 전통 사상에 있

—— 차이위안페이 총장

기에, 이를 극복하기 위해서는 서구의 자주적이고 진취적인 사상을 적극
섭취해야 한다고 주장했다.

—— 장멍린, 차이위안페이, 후스, 리다자오의 단체 사진

그리고 1914년에서 1918년까지 있었던 1차 세계대전과 1917년에 있었던 두 차례 러시아혁명의 승리는 중국 지식인들에게 큰 자극제가 되었다. 1919년, 1차 세계대전의 협약국들이 전쟁 사후 문제를 논의하기 위해 파리에 모였다. 그때 중국 대표도 승전국의 명분으로 회의에 참석했으나, 중국의 산둥반도가 독일에서 일본에로 넘어갔다. 이에 베이징을 중심으로 전국적으로 반제국주의-반봉건의 5.4 애국 운동이 발발했다. 바로 그 전인 1918년 7월 25일에 소련이 러시아 때 중국에서의 모든 특권을 포기한다고 선언함은, 중국 지식인들에게 사회주의 소련과 자유주의 서구 열강 간에 극명한 차이로 다가왔다. 그리하여 1919년 5.4 운동을 계기로 중국의 많은 지식인들은 마르크스주의를 택하게 되었다. 그리고 이때쯤 하여 중국은 민족 자본주의가 진일보 발전하였고 노동자 계층도 한층 더 강화되어 노동 운동도 가능하게 되면서, 1921년에 중국 공산당을 창당하게 되었다.

천두슈가 주도했던 『신청년』은 5.4 운동 이후 마르크스주의 선전지 성격으로 바뀌게 되면서, 천두슈는 중국 공산당의 창당에 있어서 결정적인 역할을 하게 된다. 사실 중국 공산당 창당에 결정적인 역할을 한 또 한 사람이 있는데 그가 리다자오이다. 그래서 이 둘은 북이남진(北李南陳)이라 부르기도 한다. 북이남진은 북쪽에는 리다자오가 있고 남쪽에는 천두슈가 있다는 말이다. 그리고 천두슈가 중국 공산혁명의 "토대"를 준비했다면, 리다자오는 중국 공산혁명의 "길"을 발견했다고 할 수 있겠다.

결국 1921년에는 천두슈 등의 주도로 중국 공산당이 창당된다. 천두슈는 초대 총서기로 선출되었다. 리다자오는 마르크스주의를 중국적 현실에 어떻게 적용할 것인가를 주로 고민했고, 그는 마르크스주의가 중국에서 힘을 발휘하려면 본래 모습에서 변화해야 한다고 보았다. 리다자오는 중국 공산혁명에서 농민의 중요성과 혁명 주체의 능동성을 강조했다. 그런 면에서 리다자오는 중국 특색의 마르크스주의의 길을 열어 놓았다는 평가를 받게 된다. 후에 마오쩌둥[毛澤東]이 리다자오의 마르크스주의 노선을 계승 발전시킴으로, 중국에서의 사회주의혁명의 승리를 이끌 수 있었다고 평가받는다.

마오쩌둥은 1918년에 후난에서 베이징으로 와서, 리다자오의 마르크스주의에 관한 연설을 들었지만, 5.4 운동에는 적극적이지 않았다. 그는 아직 자신의 사상적 방향을 확실하게 잡지 못했던 것이다. 그리고 1919년 후난으로 돌아와 "신민학회(新民學會)"를 창립하여, 어떤 사상이 중국을 구할 수 있을 것인가에 대해 진지한 토론을 거친다. 그는 의회제도는 유산계급의 이익을 대표하는 것으로 사회주의를 온전히 건설할 수 없다고 생각했다. 그리고 1919년에서 1920년 사이에 마오쩌둥은 마르크스주의 급진적 사회주의야말로 중국 백성을 발동하여 반동 통치를 뒤엎을 수 있다는 결론을 내리게 되었다. 그리하여 1921년 7월 23일부터 31일까지, 마오쩌둥은 상하이에서 있었던 중국 공산당 제1차 회의에 참석하여 중국 공산당의 창당 멤버가 된다. 이처럼 신해혁명의 실패를 반성하면서, 나라가 나아갈 길을 새롭게 탐색하는 과정에 중국 지식인들은 마르크스주의를 선택하게 된다.

신문화 운동에 대한 중국 교회의 대응

사실 1920년 1월부터 베이징 기독교 지식인들은 신문화 운동의 도전에 적극 대응하고, 기독교 진리를 증거하기 위해 생명사(生命社, 原稱北京証道團)를 설립했다. 거기에는 자오쯔천[趙紫宸], 우레이촨[吳雷川], 쉬바오첸[徐寶謙], 류팅팡[劉廷芳], 야오르장[餘日章], 청찡이[誠靜怡] 등이 있다. 생명사의 설립은 "토착화 신학"을 위한 것이었다. 일반적으로 토착화 교회 운동을 자립교회 운동과 구분하여 말하는데, 토착화 교회는 신학 사상에서 서구 문화적 색채를 제거하고, 기독교의 사상 문화와 예의를 중국 전통문화와 새롭게 관계 짓는 것으로, 사상과 문화 차원에서의 노력을 말한다.

이러한 현상은 중국에서만 독특한 사건이 아니었다. 19세기 서구 국가들의 식민 확장과 세계 선교 운동으로 기독교의 아시아, 아프리카 등 낙후 지역에서 전파는 그 지역 문화와의 충돌과 저항을 낳았다. 그리하여 1910년 에든버러 세계선교대회에서, 세계 각 지역 교회의 역할을 강조하고, 토착화 교회 운동을 지지했다.

그리고 에든버러 세계선교대회의 영향으로, 1922년에 상하이에서 중국 기독교 전국대회가 계획되어 있었고, 대회에서의 주제는 "토착화 교회를 건설하자"로 되어 있었다. 중국 기독교인들은 교회의 형식, 조직 그리고 사상에서 모두 토착화를 이루자고 했다. "기독교는 중국 문화에 뿌리를 내려, 서양의 색채는 점차 자연의 과정을 통해 퇴색시키고, 중국 문화의 새로운 양분을 섭취해, 새로운 기독교로 태어나는 것, 이것이 토착화의 의미"라고 했다. 그리고 "토착교회는 중국 문화적 요소를 가지고, 중국인들의 민족정신과 심리 습관에 부합되는 교회를 말한다"라고 했다. 그리고 중국 교회의 미래는 "합일, 토착화, 거룩함, 이 세 축(合一, 本色, 成聖三端)에 달려 있다"라고 했다. 회의에서 중화속행위판회(中華續行委辦會)를 중화전국기독교협진회(中華全國基督敎協進會)로 확대 발전시키고, 토착화 관련한 "교회의 선언(敎會的宣言)"도 발표했다.

비기독교 운동의 전개

1922년은 신문화 운동의 또 하나의 분기점이 된다. 일반적으로 1917년부터 1922년까지를 종교 비판의 시기로, 1922년 이후를 "반기독교 운동 시기"로 본다. 중국 지식인들의 종교 비판이 5.4 운동 이후 중국 내 반제국주의 운동과 결합되면서 기독교에 대한 비판으로 재점화된 것이다. 1922년에서 그 후 6년간의 비기독교 운동이 전개되었다. 이때 비기독교 운동의 도화선은 세계기독교학생동맹(World Student Christian Federation)이 제11차 연례 회의를 1922년 4월 4일에 칭화대학교에서 열기로 한 것이었다. 이 대회는 중국 지식계가 제국주의가 기독교를 이용한 문화 침략을 한다는 주장의 발화점에 '기름을 부은 격'이 되었다.

1922년 3월 9일에 상하이에서는 비기독교학생동맹(非基督敎學生同盟)이 조직되고, 전국적인 호응을 주문하여 베이징 학생들이 호응하여 반종교대동맹(反宗敎大同盟)을 결성한다. 3월 21일에는 천두슈, 리다자오, 왕징웨이[汪精衛], 차이위안페이, 다이지타오[戴季陶] 등 77인의 당대 유명한 학자들이 반종교동맹의 명의로 성명을 발표했다. "우리는 인류 사회를 위해 종교의 독소를 쓸어 내려 하며, 우리는 종교가 사회에 엄청난 해악을 가져오는 것을 극도로 혐오한다. 종교가 있으면 인류가 없고, 인류가 있으면 종교는 없어야 한다고 생각한다. 종교와 인류는 공존할 수 없다." 그리고 세계기독교학생동맹 연례회가 폐막하는 당일인 4월 8일에는 베이징대학에서 반종교 연설대회를 가졌고, 3천여 명이 운집했다. 여기서 그들은 교회학교의 교육과 종교의 분리를 요구했다.

비기독교 운동의 두 번째 단계는 국공합작에 의해 이루어졌는데, 1924년에 상하이에서 새로운 비기독교동맹(非基督教同盟)을 설립했다. 동맹은 『비기독교특집(非基督教特刊)』호를 내고, 비기독교주간(非基督教周)을 정해 활동하기도 했다. 성탄절 기간에는 전국 각지에서 반기독교 군중들의 데모를 진행했다. 어떤 이들은 교회당과 교회학교의 시설들을 파괴하고, 선교사들을 공격하기도 했다. 그래서 교회와 교회학교는 큰 충격에 빠지기도 했다. 그리고 1926년 북벌전쟁 기간 국민혁명군은 가는 곳마다 반기독교적 행동을 단행하여 교회당, 교회학교 그리고 교회 병원들이 점령되고 훼손되기까지 했다. 1927년 3월에 국민혁명군은 난징을 공격하면서 영국과 미국의 영사관을 공격했고, 서양 선교사들을 약탈하고 6명의 선교사가 인명 피해를 입기도 했다. 거기에는 금릉대학교 부총장이었던 윌리엄스(John Elias Williams)도 포함되었다.

그러나 1927년 4월에 국공합작이 파탄되어, 내전으로 치닫고, 그리고 그해 장제스[蔣介石]와 미국 남감리교 목사 쑹야오루[宋耀如]의 딸 쑹메이링[宋美齡]이 결혼하면서부터 국민당의 기독교에 대한 태도는 크게 바뀌었다. 그러나 1927년 국민당이 난징 정권을 잡은 후에도 "교육 권한 회수 운동(收回教育權運動)"은 이어지면서 교회학교들에게는 악재가 계속되었다.

1922년에 중국에 체류한 서양 선교사가 8천3백 명이었는데, 비기독교 운동이 끝난 1928년에는 3,150명 정도 남았다. 이는 많은 선교사들이 비기독교 운동을 피하여 중국을 떠났기 때문이다.

비기독교 운동에 대한 중국 교회의 대응

1923년에는 비기독교 운동의 도전에 대응하기 위해 우레이촨 등이 "진리사(眞理社)"를 결성하고 『진리주간(眞理周刊)』을 출간했다. 우레이촨은 낙심하거나 물러선 것이 아니라, 오히려 이것을 중국 기독교가 새롭게 출발하는 기회로 삼고자 했다. 「중국에서의 기독교의 미래(基督敎在中國的前途)」라는 글에서, 우레이촨은 중국 기독교인 중 서양 국가들의 관점을 그대로 맹목적으로 따르면서, 기독교 교리에 대해 깊이 깨닫지 못했던 이들이, 반기독교 운동의 출현으로, 오히려 기독교 신앙에 대해 다시 생각하고 기독교 교의에 대해서도 이성적으로 성찰하게 되었다고 한다. 예전에 성도들은 본국을 멸시하고 외국을 숭배하던 데로부터, 반기독교주의자들이 국가주의를 호소함으로, 중국 성도들도 기독교와 중국 문화의 관계를 생각하게 되고, 기독교를 서양의 종교에서 세계의 종교로 이해하기 시작했다고 했다.

우레이촨은 반기독교 운동은 중국 기독교에 회개의 기회를 준 것으로 생각했다. "회개는 인류 진화 과정에 반드시 필요한 것으로, 개인과 국가도 새로운 생명과 새로운 능력을 얻기 위해서는 회개를 통하지 않고는 안 된다. 회개는 소극적인 자아 극복이 아니라, 적극적인 자아 갱신이고 자아 노력이다." 비기독교 운동의 강한 도전 속에서 우레이촨은 개혁의 깃발을 높이 들고, 중국인들의 기독교에 대한 인식을 바꾸려 노력했다.

우레이촨은 기독교는 국가주의와 대립되는 것이 아니며, 구국의 의미를 드러내야 한다고 강조했다. 우레이촨에게 있어서 급선무는 중국 사회 개혁이었다. 그는 사회 개혁을 이루기 위해 기독교가 필요하고, 기독교가 사람의 마음을 바로잡는 기능을 갖는다고 했다.

우레이촨은 기독교는 아직도 자체의 진정한 의미를 중국인들에게 드러내지 못했다고 한다. 기독교가 중국에서 뿌리내리지 못한 이유는 교회와 성도들이 많은 결점을 가지고 있기 때문이며, 그것이 결국 사회로부터의 강한 반대를 받게 된 원인이 된다. 우레이촨은 서구 기독교의 중요한 신학적 개념과 명제들을 무조건적으로 따르지 않았다. 심지어 이러한 것들에 너무 많은 시간과 정력을 쏟는 것에 필요성을 느끼지 못했다. 우레이촨은 이렇게 말했다. "기독교는 천여 년의 역사를 가진 종교로, 그 참가치는 아직도 세계에 온전히 드러나지 못한 것 같다(眞的敎義, 在世界還沒有切實的發明). 특히 이전의 중국 기독교인들은 기독교에 대해 많은 오해와 곡해를 했고 잘못 따랐다고 생각된다."

우레이촨은 기독교가 중국에서 교조를 위한 교조에 머물러, 중국 사상 문화와 관계하지 않고, 중국 사회 변혁의 요구에 참여하지 않는다면, 기독교는 계속하여 중국에서 냉대와 주변화에 머물게 될 것이라고 했다. 우레이촨은 신문화 운동이 가져온 중국 사회의 변혁과 개방 그리고 외부로부터 새로운 정신문화 가치를 가져오려는 유리한 상황에, 기독교는 자체적 준비 부족과 선교 방식의 잘못으로, 중요한 기회를 또 놓치게 되었다고 했다. 그에 따르면, 본래 중국 사회 개혁에 중요한 도움과 정신적 가치를 제공할 수 있는 것이 기독교였는데, 사람들의 오해와 착각으로 오히려 중국 사회 발전의 대립 면에 두고, 특히 중국 지식인들로부터 중국 사회 발전의 장애물로 여겨지게 되었다.

기독교의 중국 사회에서 부적응은 기독교 신앙과 정신 자체의 문제가 아니다. 근본적인 문제는 기독교가 중국에 들어올 때, 서양 전통과 서양 정치적 요소로 인한 것으로, 서양 기독교 전통의 문제로 귀결될 수도 있다. 신앙적으로는 반이성적, 미신으로 직책을 받고, 정치적으로 서양 제국주의 수단과 앞잡이로 배척되게 되었다. 우레이촨은 기독교는 중국에서 "애초의 순전함"으로 돌아가야 하며(返璞歸眞), 본래가 가지고 있던 동방정신(東方精神) 혹은 동방종교(東方宗敎)로 돌아가야 한다고 역설했다.

우레이촨은 판비후이[范皕誨]가 「동방의 기독교」라는 글에서 말한 "우리는 기독교를 동양에 다시 돌려줘야 한다. … 우리는 반드시 기독교의 원래로 돌아가 동양인들에 의해 동양적 특징을 발견하고 확장해 가야 한다"라는 말을 좋아했다. 동양의 기독교로서 "서양의 국가주의가 아닌 동양의 세계주의, 서양의 현실주의가 아닌 동양의 미래주의, 서양의 경쟁주의가 아닌 동양의 평화주의, 서양의 학설주의가 아닌 동양의 실천주의"가 되어야 한다고 했다. 한마디로, 기독교는 중국에서 반드시 역할의 전환을 이루어야 하고, 동양식 회귀를 이루어야 한다.

우레이촨은 기독교가 중국에서 다음과 같은 이중 역할을 감당해야 한다고 했다. 첫째는 중국 사회의 변혁에 새로운 신앙적 관점과 정신적 동력을 제공해야 한다. 둘째는 이러한 변혁의 과정 중에서 중국 전통문화의 가치를 보전하고 승화시켜야 한다. 기독교는 중국에서 종결적 종교의 모습으로 나타나기보다는 중국 문화의 친구, 동반자(同路人)가 되어, 서로

에게 빛을 던져 주고 길은 다를지 모르나 목적은 같은 방향으로 가야 한다(殊途同歸)고 했다.

중국 교회 자립 운동

중국 기독교는 의화단 운동(1900), 신문화 운동(1915-1923) 그리고 비기독교 운동(1922-1926)으로 큰 충격을 받는다. 일부 중국 기독교 인사들은 기독교의 중국에서 역할에 대해 반성하기 시작하고, 중국 기독교와 제국주의와의 관계 의혹을 해소하기 위해 자립교회 실천을 시작했다. 사실 자립교회 운동은 선교사들의 지도로 19세기 중엽부터 시작되었지만, 20세기 20년대에 고조에 달한다. 20년대의 자립교회 운동의 가장 큰 특징은 제국주의를 반대하고, 불평등조약에 기독교를 보호하는 조항을 반대하였다. 자립교회 운동이 왕성했던 지역은 대부분 혁명의 중요한 거점들이었다. 이는 이 당시 자립교회 운동이 혁명 사조의 영향을 많이 받았음을 의미한다. 이때 자립교회 운동은 후에 중국 기독교 삼자애국 운동의 불씨가 되었다.

서양 선교사들의 토착화 신학 운동

신문화 운동과 비기독교 운동에 대항하여 중국 교회 리더들도 토착화 신학 운동을 전개했지만, 사실 그 당시 유교 문화 자체가 비판의 대상이 되어, 중국 교회는 그 당시 토착화 신학에서 큰 결실을 거두지 못했다. 여기서 말하는 토착화 신학은 기독교와 중국 문화의 소통에 주력하는 신학을 뜻한다.

그러나 사실 토착화 신학은 서양 선교사들에 의해 일찍부터 이루어진 중국 선교의 중요한 선교적 전통이다. 1600년에 마테오 리치는 그의 『천주실의』에서 일찍 "보유론(補儒論)"을 주장하여, 기독교와 유가와의 대화에 적극 임했고, 리치는 그 당시 주류적 위치에 있던 성리학을 반대하고, 선진 유학과 공자를 높이면서, 중국인들이 믿던 "상제(上帝)"가 곧 기독교의 God임을 주장했다. 나는 그래서 마테오 리치를 "중국 신학의 아버지"로 부른다.

이러한 중국 신학적 전통은 청나라 말기의 서양 선교사들에게도 이어졌다. 청말 서양 선교사들의 유학에 대한 태도는 한마디로 "공자+예수"였다. 이들은 기독교와 유가와의 관계를 보완적으로 보면서 중국에서 기독교 전파의 길을 개척해 갔다. 물론 모든 선교사들이 이 입장을 취한 것은 아니다. 그러면서도 이들의 입장은 독창성이 있고, 중국 신학의 형성 과정에 큰 시사점을 가진다고 생각되어 여기서 간략하게 다루려 한다.

나는 그 대표적인 인물로 앞에서도 많이 언급한 앨런을 언급하려 한다. 앨런은 기독교의 가르침과 유가 오륜의 관계, 기독교의 가르침과 유가 오상의 관계, 기독교의 가르침과 유가 군자 3계의 관계를 비교하면서, 기독교는 유가의 가르침에 어긋나는 것이 아님을 주장했다. 그러나 그는 유가의 긍정에 머물지 않고, 앨런은 기독교와 유가의 "다름"도 강조하였다. 그러면서 기독교는 유가의 부족함을 채울 수 있다고 주장했다.

앨런은 유가의 가르침(大學)은, "수신하는 자는 먼저 마음을 바르게 해야 하고, 마음을 바르게 하고자 하는 이는 그 뜻을 다해야 한다(欲修其身者先正其心. 欲正奇心者先誠其意)"인데, 기독교는 인간 스스로의 힘으로 "마음을 바르게 하고, 뜻을 다하기(正其心, 誠其意)” 어렵기에, 하나님의 도움이 필요하다고 했다. 예수는 하나님의 아들로, 삼위 가운데 한 분으로, 사람이 정심(正心)과 성의(誠意)한지를 알고, 사람더러 청심(淸心)하여 자기기만에 빠지지 않게 한다. 사람이 정심, 성의하지 못할 때, 성령의 감동으로 정심, 성의하도록 바꾸어 준다고 했다.

그러면 성령을 어떻게 받을 수 있는가? 앨런은 “성령을 얻는 것은 어렵지도 않고 쉽지도 않다. 성령은 하나님과 예수와 삼위일체를 이룬다. 하나님은 만민을 다스리고, 예수는 만민을 기르고, 성령은 만민을 감화시킨다. 하나님은 사람들을 마치 목자 없는 양같이 불쌍히 여겨, 예수를 보내 구원하되, 마음이 완악하고 뜻을 허망된(心頑意妄) 백성을 불쌍히 여겨 다시 성령을 보내 사람들의 마음을 감화시켜, 예수님의 구원을 얻게 하기 위해 하나님을 경외하고, 성령을 얻기 위해 예수님을 믿고, 예수를 믿으니 성령이 내 마음에 계시므로, 마음도 새롭게 되어 정심, 성의하게 된다”라고 했다. 그는 삼위일체 하나님을 소개하면서, 하나님과 예수를 믿음으로 인해 성령의 도움을 받아 진정으로 수신, 정심, 성의에 이르게 된다고 했다.

그래서 유가와 기독교 인식의 차이의 관건은 하나님에 대한 경외와 믿음이 부족하여, 본질을 버리고 결과만 추구하는 잘못을 범한 것이라 한다. “유가는 현재는 알고 마지막을 모르고, 윗사람을 높여야 함을 알되 하나님과 예수를 모르는 것으로, 본질은 버리고 결과를 추구했다. 그래서 정심을 추구하고, 성의를 추구하지만 그것에 이르지 못했다. 복음은 우리에게 하나님의 자녀와 예수의 제자로 성령의 감화로, 정심, 성의하여, 세상 마지막에 진리에 서서 하나님 앞에서 부끄러움 없이 변론할 필요도 없이 자명하게 될 것이다." "도는 만물의 운행 원리로, 도를 항상 사람의 마음에 두어, 도를 항시 떠나지 말아야 한다(道, 是人之道, 日常事物當行之理, 蘊藏于內心, 都是力事追求而不可停止的)." 『중용』의 이 가르침을 빌려 앨런은 이렇게 말했다. "유가는 하나님을 공경하지 않으므로, 유교는 참도를 떠나게 되었다. 그 당시 중국 사회의 악습들, 즉 물신숭배, 도적질 등은 참도를 떠난 결과이다." 앨런은 사회 적폐 문제의 근원을 유교의 도에 대한 이해에까지 끌어올려, 기독교와 비교하는 가운데 중국이 아직도 참도를 얻지 못한 것은 하나님에 대한 신앙이 없기 때문이라고 했다. 그는 중국인들이 사회적 악습을 근절하려는 심리를 이용하여 그 근원을 도에 대한 잘못된 이해 때문이라고 꼬집었다. "도를 얻으면 살고, 도를 잃으면 망한다(得道則存, 失道則亡)." 오직 하나님을 받아들이고 예수 말씀의 도를 마음에 두어 한시도 대도를 떠나지 않게 해야 한다.

앨런은 유가의 사상적·인식적 틀 속에서 기독교의 핵심 교리를 훌륭하게 가르쳤던 것이다. 앨런이 유가에 취하는 기본 관점은 "존동구이(存同求異)"이다. 존동(存同)은 기독교적 관점에서도 볼 때, 유가에 정당성이 있는 부분들에 대해서는 그것을 긍정하고 그것을 토대로 기독교의 가르침을 설명하는 것이며, 구이(求異)는 기독교 관점에서 유가가 부족한 부분들을 짚고 넘어가면서 기독교에 대한 바른 이해에 이르는 방식이다.

앨런은 더 나아가 유가의 사상적 체계 자체가 "전체적이 못 된다(缺而不全)"고 했다. 그는 유가에는 "인륜의 도(人倫之道)"만 강조되어 있다고 했다. 물론 "인륜의 도"는 가치 있다. 그래서 앨런은 유가의 인륜에 기초하여 기독교를 설명했다. 그러나 기독교 신학의 관점에서 볼 때, 인류만을 가지고는 부족하다. 그는 천륜, 인류, 물륜 등 3가지 관계가 모두 갖추어져야 하며, 그 가운데서도 제일은 "천륜"이라 한다. 그는 유가는 부분적 진리를 가르친 것이고, 기독교야말로 인간과 인간, 세계와 하나님 관계, 즉 인류, 물륜, 천륜, 3륜을 포괄적으로 가르친다고 했다. 앨런은 유가가 "위로는 잘못, 아래로는 소홀히(上交誤, 下交疏)" 하며, "신의 존재는 존중하되 섬기지는 않는(有敬鬼神之名而上不究神之質)" 오류에 빠졌다고 비판했다. 앨런은 중국 지식인들과 가까이하면서, 이성적으로 유가 사상을 비판하는 것을 자신의 사명으로 알았다.

그러나 이 목표를 달성하기 위해서, 선교사들은 자신의 기독교에 대한 이해를 성찰할 필요가 있다고 생각했다. 기독교를 단순한 교리나 교조로 이해하기보다는 기독교의 가르침을 광의적으로 이해하기 시작했다. 일반적으로 선교사들은 기독교는 하나님과 인간, 인간과 인간의 관계로 이해한다. 그 관점이 과거에는 맞았을지 모르나, 지금에 와서는 그 생각은 너무 협소하다. 1875년에 그는 기독교에 대한 이해를 확장해야 할 것을 피력했다. 앨런은 두 가지 관계 외에 인간과 자연의 관계를 추가해야 한다고 주장했다. 그리하여 기독교는 사람과 하나님을 연결하는 종교성과 사람과 사람의 왕래를 규범하는 도덕과 사물의 특성과 용도를 이해하는 과학으로 구성되어야 한다고 했다. 이로 인하여 기독교는 세상의 모든 체계와 구별되는 "종합적 특징"을 갖는다고 했다. 그리하여 "완전한 사람(完整的人)"을 받아들이고, 완전한 사람의 발전을 이루고, 완전한 사람에 비추어 자신을 관리해야 한다. 특히 여기서 완전한 사람은 모든 관계를 포괄함을 의미한다. 그런 의미에서 기독교는 유일무이하며, 유일한 진리인 것이다. 이를 통해 서양의 지식과 물질적 자원을 포괄할 수 있고, 이것이야말로 중국에 필요한 체계라 주장했다. 그는 선교사들에게 이제 는 파편적이고 분열된 기독교를 전하지 말고, 모든 면에서 완전한 그 핵 심을 잃지 않은 기독교를 전할 것을 호소했다.

기독교는 사람과 사람, 사람과 세계, 사람과 하나님의 관계를 전면 적으로 다루어야 한다는 앨런의 주장은 리처드, 마틴, 에드킨즈(Joseph Edkins, 1823-1905) 등 그 시기 중요한 선교사들의 지지를 받았다.

상황화 신학: 마르크스주의와 대화

5.4 운동 이후, 중국 지식인들의 사상적 흐름은 마르크스주의로 돌아 섰기에, 오히려 마르크스주의와의 대화가 중요하게 되었다. 우리는 이를 상황화 신학 운동으로 부른다. 그 대표적인 인물은 우야오쭝[吳耀宗]이다.

우야오쭝은 1943년에 「하나님을 본 사람은 없나니(沒有人看見過上帝)」라 는 글을 발표했다. 우야오쭝은 스스로 이 글을 자신의 대표작이며 자신 의 철학과 신학 사상의 총결이라고 했다. 그의 관심은 기독교를 총체적 으로 생각하면서, 어떻게 유물론과 유심론의 장벽을 허물고, 기독교 안 에 있는 비과학적 요소들을 제거하여, 과학적이고 이성적인 진리를 추구 하는 종교로 만들 것인가에 있었다. 특히 5.4 운동과 반기독교 운동 중에 제기되었던 "기독교는 제국주의 앞잡이"라는 것과 "기독교는 인민의 아 편"이라는 것에 주목했다. 이때 그는 기독교와 제국주의와의 관계는 큰 문제가 되지 않는다고 생각했다. 그는 자신도 그렇고, 그렇지 않은 선교사들이 많다고 생각했기 때문이다. 그는 오히려 기독교의 '아편성' 비판에 주목했다.

사실 5.4 운동이 이전 신문화 운동의 기독교 비판은 심하지 않았다. 왜냐하면 그때의 사조는 주로 자유주의 사상에 기초해 있었기 때문이다. 그러나 5.4 운동 이후 대두된 유물론과 사회과학은 달랐다. 그것은 자본주의 사회제도를 혁명하기 위해 발생한 것으로, 자유주의 사상과 연결된 기독교도 그들의 공격 대상이 되었다. 그리하여 우야오쭝은 이 책에서 과학적 하나님관, 이성주의 기도론, 그리고 기독교와 유물주의와의 조화 등을 주장했다. 우야오쭝은 기독교의 아편성은 기독교의 미신성, 비과학성과 비이성적인 성격과 연관된다고 생각했다. 우야오쭝은 아편론이 제기된 정치적인 부분보다는, 그것이 갖는 과학과 철학적 차원에서 제기된 의혹에 더 큰 관심을 가졌다. 이는 유물론과 기독교 간 한 번의 깊은 대화 혹은 융합이었다.

우야오쭝의 이러한 신학적 정립은 1949년 신중국(新中國)이 성립된 이후에, 중국 교회 리더로 부상할 수 있었던 조건을 갖추게 되었다. 사회주의 중국에서 중국 기독교의 가장 중요한 문제는 사회주의 중국에서 기독교는 계속 존재할 것인가 그리고 존재한다면 어떤 방식으로 존재할 것인가에 있었다.

1949년 9월 21일 중국인민정치협상회의에서 우야오쭝은 종교계 대표 8명 가운데 한 사람으로 참여하여, [공동강령]을 통과시켰다. 그리고 중화인민공화국이 성립한 이후, 전국정협의 종교 대표 신분으로 정부에 기독교가 당면한 문제들을 반영했다. 그리고 1950년에는 저우언라이[周恩

㦤 총리의 접견을 세 차례 받았고, 기독교가 새로운 중국에서의 나아갈 방향(전도) 문제를 논의하고 '중국 기독교 선언' 초안을 작성했다. 중국 기독교 선언문은 "중국 기독교가 신중국 건설에서 노력해야 할 방향(中國基督教在新中國建設中努力的途徑)"을 선언했다. 그것은 "중국 기독교 교회 및 단체는 공동강령을 철저히 지지하며, 정부의 영도 아래 제국주의, 봉건주의와 관료 자본주의를 반대하며, 독립, 민주, 평화, 통일과 부강한 신중국 건설을 위해 노력한다"라고 되어 있다. 이를 「삼자선언(三自宣言)」이라고 약칭하여 부르기도 한다. 이로써 결국 우야오쫑에 의해 중국 삼자교회 운동의 서막이 열렸다.

신중국에서 기독교의 가장 큰 과제는 제국주의와의 관계 청산이었다. 저우언라이 총리는 1950년 전국 협진회와 만난 자리에서 분명하게 제국주의와 기독교의 관계에 대한 중국 공산당의 견해를 밝혔다. "기독교는 제국주의 총포의 위력과 중국 청나라 정부를 협박하여 체결한 불평등조약에 의지하여 전도와 기타 특권을 얻었다. 미제는 오늘에도 여전히 중국의 종교 단체를 이용하여 신중국을 파괴하는 활동을 진행하는 바 중국 교회는 반드시 민족적, 반제국주의를 결심하고 제국주의와의 관계를 단절하고 자치, 자양, 자전의 교회를 건립해야 한다. 우리의 통일전선은 그 분계선을 제국주의, 봉건주의와 관료 자본주의와의 단절에 그 범위를 둔다."

당시 공산당의 지지를 받던 우야오쫑은 교회 개혁에 대한 태도가 공산당 정부의 이해와 매우 근접하였고, 그도 교회 개혁의 문제를 정치적으로 이해했다. "1920년대 중국 교회 본색 교회 운동은 자치, 자양, 자전을 목표로 했지만, 그러나 지금은 그때와 비교해 내용과 본질에 있어서 큰 차이가 있다. 왜냐하면 해방 전의 중국은 제국주의, 봉건주의, 관료 자본주의의 통치 아래 있는 중국이었고, 그때의 개혁은 이러한 사회의식 형태 속에서 시작된 것이기에 그 사회의식의 범주를 벗어나지 못했다. 하지만 오늘날 기독교 혁신 운동은 제국주의, 봉건주의, 관료 자본주의를 타도한 이후 신중국, 신민주주의 중국, 사회주의 행로를 걷는 중국이라는 새로운 환경에서 발동된 것이다."

그러나 교회와 제국주의 관계 문제에 대해서 또 다른 중국 교회 지도자인 자오쯔천은 우야오쭝과는 다른 견해를 취했다. 그의 관심은 삼자에 대한 종교적 의미였지, 제국주의와 선교 사업의 정치적 연관성이 아니었다. 자오쯔천은 기독교가 서방에서 가져온 부담들을 내려놓고 기독교의 본래의 진실을 잡으면 문제는 해결될 것이라고 했다. 그는 기독교와 중국 전통문화와의 관계를 다시 생각하면서, '중국의 사상 방식'으로 기독교의 본질을 보존하기를 기대했다. 새로운 시대적 상황에서, 반제국주의는 선량한 국제적 우호 인사들에 대한 반대가 아니며, 이는 제국주의 침략 행위에 대한 반대와 별개로 생각했다. 자오쯔천은 마르틴 루터의 근본 원칙이 '의신칭의'라면, 오늘 중국 교회 개혁의 근본 원칙은 "사랑으로 공동체를

_____ 자오쯔천

세우는 것"이라고 했다. 이는 자오쯔천의 1940년대 교회론적 주장의 연속이었다.

그는 교회를 세운다는 것은 사랑으로 공동체를 세운다는 것이라고 지적했다. "그리스도의 몸인 교회 안에서 한 사람이 가난하면 모두가 원조하여 가난을 이기게 하고, 한 사람이 아프면 모두가 돌보고 건강을 회복하게 해야 한다. … 성도는 한 가족으로서 공통의 우환과 안위를 가져야 한다. 함께하는 사랑 안에서 사람마다 하나님의 임재와 성령의 감동을 느낄 수 있다. 그리하여 교회는 하나님의 진실한 근거가 되며 복음의 유력한 간증이 된다." 그런데 중국에는 이런 진정한 사랑의 공동체는 찾아볼 수 없고, "오직 이런저런 수입해 온 제도와 전통만 있다." 진정한 사랑의 공동체만이 교회 개혁의 유일한 기초이고, 모든 교회 문제의 총체적 해답이 된다. 그러나 사랑의 공동체를 건립하는 것은 종교적, 도덕적 일이기에 반드시 성령의 감화와 각자의 수양이 준비되어야 한다. 그렇기에 혁신은 조급하게 진행하기보다는 절차 있게 진행되어야 한다고 주장했다.

자오쯔천의 교회 혁신 방안은 한때 중국 교회 혁신기획팀의 부팀장이었던 장창촨(江長川)과 마찰을 빚기도 했다. 장창촨은 토착교회 개념에서 출발하여 교회 개혁의 중점을 제도와 조직의 개혁에 두었다. 위에서 언급했다시피 우야오쭝은 중국 교회의 개혁을 정치적 차원에 다루었다. 이처럼 신중국 초기 중국 교회 내부에도 제국주의에 대한 다른 시각과 다른 개혁 방안이 제시되었다. 결국 중국 정부의 지지를 받던 우야오쭝이 중국 교회 개혁, 즉 삼자교회의 노선을 주도하게 되었던 것이다.

그리고 한반도에 발발한 6.25 전쟁은 미중 관계는 물론 중국 교회에도 큰 파장을 미치게 된다. 1950년 8월 1일에 중국 교회 지도자들은 『대공보(大公報)』에 연명으로 "미국의 대만, 조선 침략을 반대한다: 중국 기독교 인사들의 선언"이라는 성명을 발표하였다. 미국이 자국 내 중국 재산을 동결하였고, 1950년 12월에 중국 정부도 중국 내의 모든 미국 재산을 동결한다. 그리하여 대량의 미국 후원을 받던 중국의 교육, 자선, 문화 및 종교 단체들은 즉각 재정적인 위기에 부딪혔다. 1950년 12월 중앙 정무국은 "미국의 후원을 받는 문화, 교육, 구제기관 및 종교 단체의 처리 방침에 관한 결정"이라는 명령을 공포하였다. 1951년 1월 15일 중국 교육부는 외국 지원을 받던 고등학교 회의를 소집하고 교회학교는 미국 제국주의의 문화 침략의 중요한 활동이라고 규정하면서 중앙 정부는 이 기회에 국가 교육권을 회수하고 원래 미국 자금의 지원을 받던 학교들을 중국 인민 자신이 운영하는 학교로 바꾼다고 선포한다. 1951년 2월 12일에 베이징의 유명한 기독교 사립대학 옌칭대학[燕京大學]은 정식으로 교육부에 접수된다.

1951년 4월 정무원 문화교육위원회 종교 사무처는 "미국 후원을 받는 기독교 단체 치리 회의"를 소집하고 150여 명의 교회 지도자들이 참석한다. 이 회의에서 연합 선언이 발표되고, "중국 기독교 항미원조 삼자혁신 운동위원회" 준비위원회가 성립된다. 준비위원은 25명이고 회장은 우야오쭝이 맡았다. 이 삼자혁신운동위원회는 전국을 통괄하는 기구가 되었고, 연합 선언의 지시에 따라 중국 교회의 미래의 발전을 계획하게 되었다. 이 회의를 통하여 기독교와 미국 간의 관계 단절이 가속화되었다. 교회에서 제국주의 성토 운동을 전개하여 미국 제국주의와 투쟁하고 기독교의 반제애국(反帝愛國) 운동을 추진하면서 이후 중국 교회의 발전 방향을 이끌었다.

이에 왕밍다오[王明道] 목사와 같은 중국 교회 지도자들은 처음부터 삼자교회를 거부하고, 삼자교회 리더들을 자유주의 신학자로, "불산파"로 비난하면서 중국 지하 가정교회의 노선을 걷기 시작했다. 이러한 역사적 흐름은 그것의 '강도'를 달리하면서 오늘에까지 지속되고 있다고 하겠다.

일본 근대 사회의 형성과
기독교

홍이표
야마나시에이와대학교 인간문화학부

1. 들어가며

2015년 일본의 아베 정권은 안전 보장 관련 법안 개정, 이른바 전쟁 가능 법안을 밀어붙였다. 이에 반대한 대학생 조직 '실즈(SEALDs)'의 국회의사당 앞 시위는 국내외 언론의 이목을 집중시켰다. 그런데 일본의 일부 극우 단체가 실즈의 대표였던 대학생 오쿠다 아키[奧田愛基] 씨와 그 가족에 대한 살해 협박을 가하는 일이 발생했다. 그 당시 오쿠다 씨는 일본 최초의 기독교주의 학교인 메이지가쿠인대학[明治学院大学]의 재학생으로서 세례를 받은 기독교인이었으며, 부친은 개신교 목사였다. 일본 극우의 관점에서는 이 운동의 주동자가 기독교인이라는 점이 강한 거부감을 품게 된 이유 중 하나였던 것은 아닐까?

일본의 근현대사를 살펴보면, 중요한 역사적 분기점마다 기독교인이 등장하여 국가 권력과 대치하는 경우가 자주 발견된다. 근대 천황제를 강화해 가던 1890년 10월 30일에는 '교육칙어(敎育勅語)'가 공포되었는데, 문부성은 일선 학교에서 천황의 사진과 교육칙어를 향해 허리를 90도로 굽혀 절하는 최경례(最敬禮)를 강요하였다. 이에 문제의식을 갖게 된 기독교인 교사 우치무라 간조[内村鑑三]는 제1고등중학교(현 도쿄내학 교양학부)에서 열린 1891년 1월 9일의 교육칙어 봉대식(奉戴式)에서 절하는 행위를 거부하였다. 그 결과 그는 '비국민(非國民)'이라는 비난을 받으며 학교로부터 추방당하였고, 사람들은 그의 집에 몰려가 돌을 던졌다. 유명한 '우치무라 간조의 불경(不敬) 사건'이다. 이 외에도 요시노 사쿠조[吉野作造], 가시와기 기엔[柏木義円], 가가와 도요히코[賀川豊彦], 야나이하라 다다오[矢内原忠雄], 난바라 시게루[南原繁] 등등 수많은 근대 기독교인들은 부당한 전쟁과 식민지 지배, 부조리로 점철된 일본의 근현대사 속에서, 정의와 양심, 평화주의에 기초한 발언과 활동을 통해 일본 사회에 경종을 울리며 나름의 영향을 끼쳐 온 것이 사실이다.

이처럼 일본의 근대가 막 열리던 시점에 대표적인 일본의 기독교인에게 붙여진 '레테루(レッテル: 네덜란드어로 letter, 낙인, 딱지)'가 바로 '비국민'이라는 말이었다. 지금도 천황제에 의문을 품고, 부라쿠민[部落民] 해방을 논하며, 일본 헌법 9조(이른바 평화헌법)를 수호하고, 류큐인과 아이누인, 재일 조선·한국인을 향한 차별에 대해 문제 제기하는 목소리 중에는 일본의 기독교인들이 다수 포함되어 있다. 우치무라가 받았던 '비국민'이라는 시선은 현대 일본 사회에서도 여전히 기독교인을 향하고 있는지 모른다.

그런데 근대 일본 사회의 형성에 있어서 기독교는 단지 일본의 새로운 국가 권력 시스템에 반기를 들고 저항하고 비판하는 집단이기만 했을까? 사실 이 문제는 그렇게 단순하지 않다. 한국의 기독교 안에 여러 교파와 다양한 정치적 지형이 오롯이 담겨 있듯이, 일본 기독교 안에도 실은 우치무라 간조 등과는 다른 노선을 걸으며, 근대 일본의 형성, 심지어는 극우 이념의 창출에 적극 참여하고 협력한 사람들도 많았다.[1] 아니, 오히려 그런 이들이 다수였으며 우치무라 유형의 기독교인은 비주류였다고 보는 것이 맞을지 모르겠다. 이 글로 일본의 근대 사회의 형성과 기독교의 관계, 그리고 오늘날까지의 전체상을 살펴보기에는 무리가 있을 것이다. 하지만 우리의 뼈아픈 근현대사와도 떼려야 뗄 수 없는 중요한 두 주제(근대 일본, 기독교)이기에 긴 숨 한 번 들이쉬고 시간 여행의 길에 함께 올라 볼까 한다.

2. 일본 근대 사회의 풍경과 기독교

1) '탈아입구'와 '화혼양재', 그리고 기독교

일본의 근대화를 상징하는 두 표어가 있다. '탈아입구(脫亞入歐)'와 '화혼양재(和魂洋才)'가 그것이다. 언뜻 보기에 이 말들은 기독교와는 특별히 상관없어 보인다. 하지만 더 깊이 들여다보면 이 두 말은 모두가 기독교와 깊은 관계를 맺으면서 그로 인해 서로 충돌하며 결국 모순을 드러낸다. 바로 이 지점에서 근대 일본이 기독교와 함께 연출하는 불편한 동거의 장면이 목격된다.

---

1 일본 근대 우익의 이념 창출과 기독교의 관계를 다룬 본 논고의 2-2), 2-3)은, 졸고 「일본 극우의 종교적 배경」, 『기독교사상』 756, 2021, 26-37에 가필, 수정한 내용이다.

___ 탈아입구를 원하는 근대 일본의 모습을 풍자한 풍속화

1897년 청일전쟁에서 승리한 일본을 영국이 서구 열강 클럽에 소개하는 모습. 양복에 게다(일본의 나막신)를 신은 우스꽝스러운 모습을 본 서구 제국주의 열강이 황당해하는 표정이 다채롭다. 메이지 시대의 일본에서 17년간 거주하며 풍자화를 그리며 유명해진 조르주 페르디낭 비고(Georges Ferdinand Bigot, 1860-1927)의 작품

먼저 탈아입구에 대해 살펴보자. 탈아입구라는 말은, 1887년에 재야 언론인이었던 스즈키 겐타로[鈴木券太郞]가 "아시아를 벗어나 유럽으로 들어간다"라는 뜻의 슬로건으로 처음 사용하였다. '탈아입구'는 '문명개화', '식산흥업', '사민평등', '부국강병' 등 여러 근대화의 모토를 한마디로 압축해 놓은 말로 여겨졌다. 이후, 후쿠자와 유키치가 동양 세계 안에서의 일본의 독자적 진로 모색을 강조한 '탈아론'을 전개하면서 대중적으로 더욱 널리 유포된다. 후쿠자와의 탈아론의 내용 중에는 "서구인들은 언제나 일본, 청나라, 조선을 같은 문화를 가진 비슷한 나라들이라고 생각하는데, 이는 일본에게 걸림돌이 될 뿐이다. 나쁜 친구를 사귀는 사람은 다른 사람들에게 마찬가지로 나쁜 인상을 주기 때문에, 일본은 이웃의 나

쁜 아시아 나라들과 관계를 끊어야 한다"라고 강조하였다. 이 말은, 근대 일본이 '주변의 나쁜 친구들'과 결별하고 오히려 '먼 곳에 있는 좋은 친구들'과 새로운 절친 관계를 형성하려던 당시 의식 세계를 잘 보여 준다. 이는 동시에 근대 일본이 불교와 유교 등의 동양 세계를 탈피해 기독교 세계에 들어감을 의미하기도 했다. 그런 의미에서 '탈아입구'는 기독교 세계와 기독교 문명에 대한 적극적 수용 의지로도 비칠 수 있었다.

국제 무대의 주요 국가 연합체인 'G7(Group of Seven)'의 면면만 보아도 그러한 일본의 태도는 잘 드러난다. 아시아 국가 중에서 유일한 G7 일원이라는 사실에 일본은 꽤 무거운 자부심을 느끼고 있다. 일본의 이른바 '절친 6개국'의 면면을 보면 미국, 독일, 영국, 프랑스, 캐나다, 이탈리아 등 전통적인 기독교 세계의 국가들이다. 1973년에 G5로 처음 결성될 당시의 국가들도 미국, 독일, 영국, 프랑스, 그리고 일본이었으니 프랑스를 제외하면 대표적 프로테스탄트 기독교를 배경으로 한 나라들이 주요 회원국이었다. 하지만 최근 급변하는 국제 정세와 국가 위상의 변화 속에서 열린 2021년의 G7 회의에서 일본은 소외되는 경향을 보이기 시작했고, 심지어 한국과 인도 등 새로운 아시아 국가를 영입하여 G11이나 D10으로 확장하자는 의견이 등장하였다. 일본의 반응은 충격과 함께 무척 싸늘했다. 근대화 이후 150년 가까이 공고히 유지돼 온 '탈아입구'의 세계관과 기본 틀 자체가 근본적으로 흔들리는 현상을 달가워할 리 없었기 때문이다.

앞서 소개한 G7 국가는 세계의 부 가운데 60%가량을 차지하고 있다. 결국 일본이 이들과 절친 관계를 계속 맺으려는 것은, '기독교 세계'라는 이유보다는 그들이 부국 혹은 강국이기 때문이 아니었을까? 이 점에서 근대 일본은 처음부터 기독교에 대한 '종교적' 관심은 크지 않았으며, 단지 기독교 세계가 지닌 외형적 문물과 물리적 힘에 주목했을 뿐이다. 아니, 오히려 전국·에도 시대의 기리시탄(가톨릭 신자) 탄압에서도 잘 드러나듯 기독교에 대해서는 철저히 경계하고 배격하는 태도가 역사 속에서 꾸준히 강화되어 왔다고 볼 수 있다. 기독교 인구가 전체의 1% 이하, 심지어는 0.5-0.6%에 불과하다는 현재의 통계 수치는, 일본이라는 나라에서 기독교가 얼마나 뿌리 깊은 배제의 대상에 불과했는지를 잘 보여준다.

이러한 근현대 일본의 속성을 드러낸 또 하나의 슬로건이 화혼양재이다. 중국이 양무운동을 통해 중체서용(中體西用)을, 조선이 온건 개화파를 통해 동도서기(東道西器)를 슬로건으로 내세워 동양의 윤리 도덕, 통치 질서는 그대로 유지한 채 서양의 우수한 기술과 문물만 수용하여 부국강병을 이루겠다는 목표를 비슷하게 내세운 바 있다. 하지만 화혼양재와 중체서용, 동도서기 가운데 '근대화'를 성공으로 이끈 표어는 화혼양재뿐이었다. 오직 일본만이 그 말을 구체적으로 실현했고, 지금도 그 말은 유효한 가치로 현대 일본인의 집단의식에 영향을 미치고 있다.

일본의 화혼양재는 이미 오래전부터 대륙과 조선에서 문물을 수용하던 때에 사용한 바 있던 화혼한재(和魂漢才)라는 말의 근대적 리모델링의 결과물이었다. 이미 에도 시대의 난학(蘭學)과 실학(實學) 등은 외부 사상과 문물의 수용에 대한 노하우를 상당 부분 축적시킨 상태였다. 그것은 서구 문명의 기초이자 핵심이라 할 수 있는 기독교 사상에 대한 연구와 이해를 동시에 수반한 문물의 수용 과정이었다. 이에 비해 중국과 조선은 서양의 기독교 문명, 즉 서도(西道)를 거칠게 배척하는 몰이해 상태에서 그저 기술만 도입하겠다는 무모함을 보였다는 점에서 일본의 그것과 구별된다. 문물과 기술, 시스템을 받아들이기 위한 배경 사상과 틀거지(프레임)도 기본적으로 이해하지 못한 채 성급하게 유·불교의 전통 가치 위에 그것을 덧입히려 한

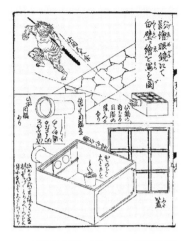

_____ 난학의 과학 서적. 근대 화혼양재의 뿌리이기도 하다

것이 중국과 조선의 실패 요인이었는지 모른다.

그에 비해 일본이 추구한 근대화는 단순히 총과 군함, 은행제도와 근대 건축을 세우는 것에만 주목한 것이 아니라 사회 전반 시스템을 총체적으로 갈아엎으려 한 시도였다. 중국과 조선은 이미 '중앙집권적 체제'가 확립되어 있었던 반면, 일본의 에도 막부 정권은 여전히 각 번이 분열돼 공존하는 시스템이었기에 그것을 통합시킬 새로운 에너지가 필요했다. 그것이 바로 존왕양이(尊王攘夷)를 통한 근대 천황제의 형성을 갈망하는 메이지유신 세력의 등장으로 이어졌고, 그들은 그 과정에서 기독교를 이용은 하되 기독교(서구)에 흡수·병합되는 방식은 철저히 배격하는 '화혼양재'라는 투트랙 전략을 기민하게 전개하는 길로 이끈 것이다. 중앙집권 체제가 확립되지 않았던 동양 세계 내에서의 열등함이 오히려 '화

혼양재'라는 쉽지 않은 과제를 달성하도록 돕는 원동력이 되었다는 역설
이 발견되는 지점이다.

이처럼 '화혼양재'라는 근대의 숙제를 유일하게 완수한 아시아 국가가
일본이었다. 화혼양재라는 말도 결국은 '기독교'를 빼놓고는 설명되지
않는 개념이다. 즉, 화혼(和魂)이라는 말은 기독교를 배격하고 반대하는
'배기(排基)', '반기(反基)'와 동전의 앞뒤처럼 붙어 있는 말이기 때문이다.
정신과 기술의 영역을 확실히 나누고, 일본의 정신적 우월성과 주체성은
지키면서도 서구의 문물은 확실히 배양하겠다는 야심은 곧 서양 오랑캐
들을 배격하자는 양이론(攘夷論)이라는 극단성과도 동거하면서도 교묘하
게 그들 서양인과 '절친' 관계를 형성하려는 이중적 행위 양태를 근대 일
본의 상식으로 굳혀 갔다. 화혼양재의 실천은 서양 세계의 정신적 기반
인 기독교(서양 종교 및 신앙)는 철저히 배제하면서도 서양의 껍데기 요소
들(기술, 학문, 제도 등)만을 근대 일본의 자산으로 유입시키는 전략이었고,
마침내 동양에서의 유일한 목표 달성으로 이어졌다.

하지만 이처럼 사상(정신)의 영역과 기술(물질)의 영역을 분리하여 진
행된 일본의 근대화라는 것은, 국가지상주의 혹은 국가를 숭배 대상으로
삼는 '국가 종교'로 변질되어 갔고 그 과정에서 국민은 그저 국가를 위해
이용당하고 소모된 뒤 종국에는 버림받는 존재로 전락한다. 재일 학자인
강상중(도쿄대학 명예교수)도 『떠오른 국가와 버려진 국민』(노수경 역, 사계
절, 2020)에서 일본의 근현대 150년을 관통하는 키워드로 '화혼양재'를 지
목하면서 '혼'과 '재'의 분리를 전제로 한 일본의 근대화는 "네이션의 선성
(善性)"이 지나치게 강조되어 '국민'과 '정부' 사이의 균형추가 상실되는 결

과로 이어졌다고 보았다. 즉 "정부가 어떤 죄를 저지르더라도, 때론 시민이 그 죄에 어떤 방식으로 가담한다고 하더라도, 네이션은 궁극적으로 선하다는 신념"이 오랜 세월 공고해져 왔다는 것이다. 그 과정에서 국민은 반드시 선할 수밖에 없는 국가를 위해 애국심을 드러내야 할 객체적 존재로 전락하여 전쟁과 재난, 산업화 과정에서 희생되고 버림받게 되었다. 즉 기민(棄民)의 근현대사는 '화혼양재'로부터 시작되었다는 말이다. 미나마타병과 오키나와, 아이누, 부라쿠민, 재일 코리안의 고단한 삶, 오늘날의 후쿠시마 난민까지, 패전 이전에 존재한 식민지민의 삶은 이후에도 여전히 이어지고 있음은 '화혼양재'의 그늘이 얼마나 깊은지를 증명하고 있다.[2]

하지만 국가가 민중을 짓밟고 승리한 역사로서의 화혼양재는 표피적으로는 성공과 번영의 역사로 둔갑하여 지금까지도 환희의 추억으로 일본인의 의식 구조를 지배하고 있다. 그것은 서구 기독교 수용에는 소극적이지만 G7의 유일한 아시아 국가의 지위에 집착하는 등의 행태로 지금도 일본의 정치, 경제, 문화, 스포츠 등의 전 영역에서 재현되고 있다. 종교(신앙)로서의 기독교는 여전히 설 자리를 찾지 못한 채 말이다.

2) 일본의 근대 이데올로기 창출을 자극한(?) 기독교

근대 일본의 탄생을 이끈 사상적 배경에는 의외로 '기독교'가 적잖은 촉매제 역할을 하였다. 재러드 다이아몬드가 쓴 책『총, 균, 쇠(Guns,

---

2 강상중, 노수경 역,『떠오른 국가와 버려진 국민』, 사계절, 2020.

Germs, and Steel)』의 제목이 잘 보여 주듯, 근세 및 근대 문명 발달의 필수 요소 중에서도 '총'은 맨 앞에 등장하고 있다. 전국 시대의 일본은 바로 이 '총'을 갖기 위해 애썼고 그 과정에서 기독교를 받아들였다. 아마도 앞서 다룬 화혼양재의 개념은 예수회 선교사 프란시스 하비에르와의 만남 때부터 이미 일본이 기독교에 대해 일관되게 지켜 온 오랜 태도였는지도 모른다. 그렇게 일본이 처음으로 주목하였던 '양재'는 다름 아닌 '총'이었고 말이다.

1543년 규슈의 다네가섬[種子島]이라는 섬에서 포르투갈 상인이 쏜 뎃포[鐵砲]를 처음 접한 일본은, 총은 모방해 만들었지만, 화약을 확보하지 못했다. 수년 뒤(1549)부터 때마침 예수회 신부들이 일본에 들어와 활동하게 된다. 그들은 각 영지의 지배자인 다이묘[大名]로부터의 호감을 얻기 위해 애썼고, 그때 그들을 매료시키는 가장 효과적인 수단이 총과 화약이었다. 특히 기리시탄 다이묘였던 오토모 소린[大友宗麟]이 1567년 중국의 가톨릭 주교인 돈 벨키오르 카네이로(Dom Belchior Carneiro)와의 협력 속에서 화약을 확보한 것이 이후 조총 생산을 비약적으로 발전시켜 일본의 조선 침략의 발판을 마련하도록 도왔다. 화약 제조 기술이 없었던 다이묘들에게 기독교는 총포 기술의 확보를 위해 필수적 경로였던 셈이다. 그 결과 총포 부대를 편성할 수 있게 된 일본의 유력자들(오다 노부나가, 도요토미 히데요시)은 열도를 통일해 갔으며, 특히 도요토미 히데요시는 침략 전쟁(임진왜란, 정유재란)을 일으켰다. 총이 없었다면 불가능한 역사였다. 왜란 당시 조선에 직접 상륙했던 장수 고니시 유키나가[小西行長]도 기독교를 수용한 대표적인 기리시탄 다이묘였다. 그의 집안 문장에도

___ 포르투갈인들에게 뎃포(조총)를 받아 사용법을 전수받는 일본인들. 왼쪽에 범선이 보인다(『에혼타이코키[繪本太閤記]』의 삽화로 수록)

십자가가 사용되었고, 전투 당시 내건 깃발과 군복에도 십자가가 그려져 있었다. 사이고 다카모리[西鄕隆盛] 등 메이지유신 세력에 의해 주창된 '정한론(征韓論)'이 근대 일본의 사상적 근간을 이룬다고 볼 때, 그 원점이라 할 수 있는 도요토미의 조선 침략 때부터 기독교는 이미 중요 역할을 수행하고 있었다.

이러한 문물의 진래 이외에 이미 근세 일본의 사상 형성에 있어서도 기독교는 나름의 역할을 수행하고 있다. 일본의 전통 종교인 신도(神道)는 기본적으로 민간신앙에 기초한 다신교(多神敎, polytheism)이다. 하지만 에도 중후반기에 가다노 아즈마마로[荷田春滿], 가모노 마부치[賀茂眞淵], 모토오리 노리나가[本居宣長], 히라타 아쓰타네[平田篤胤] 등을 중심으로 이른바

_____ 모토오리 노리나가(「本居宣長六十一歳自画
自賛像」, 本居宣長記念館)

_____ 히라타 아쓰타네(平田篤胤像 絹本着色, 日本肯像画
図録, 「京都大学文学部博物館図録」, 思文閣出版, 1991)

복고신도(復古神道)가 발흥한다. 초라해진 신도를 다시 부흥시키려는 새
로운 종교 운동이기도 했던 이 흐름은 일본의 국학(國學)을 형성시켰다.
이는 그동안 일본 사상을 지배해 온 불교나 유교 등의 외래 종교를 배격
하고 순수한 일본의 고전과 고대사에 주목하면서, 일본만이 갖는 고유
한 정신과 가치를 찾는 학문을 추구했다. 가다노나 가모노 등은 모두 몰
락한 신관 출신이었기 때문에 신도를 기초로 하여 「만엽집」, 「일본서기」,
「고사기」 등의 고전을 연구하며 일본 고유의 정신을 규명하려 했다. 하
지만 가모노의 제자였던 모토오리는 스승의 도교적 해석에서 벗어나 아
마테라스 오미카미[天照大御神]와 가미노 요나나요[神世七代]의 만물을 창조
하는 신비한 힘의 원천인 무스비[産靈]라는 개념에 집중했고, 이것은 근대
신도학의 핵심 개념이 되었다. 순수 일본 정신을 강조한 「고사기전(古事記
傳)」이나 「겐지모노가타리[源氏物語]」의 연구에서 '모노노아와레[物の哀れ]'라
는 일본인만의 독특한 감정에 대한 해석을 시도했다. 모토오리를 잇는

히라타는 복고신도의 신학 체계를 확고히 하면서 황국 우월론을 주창하였기에 이후 미토학[水戶學]과 더불어 막부 말기의 존왕양이 운동에 정신적 지주 역할을 하였고, 특히 서민 대중에게 크게 어필하였으며, 다양한 신도계 신종교로도 파생된다. 이처럼 복고신도 운동에 기반한 일본의 국학은 신도와 천황의 존재를 찬양하면서 국수주의적 근대 일본의 미래를 향해 고속도로를 깔아 주었다.

국학과 더불어 에도 시대의 일본을 성장시킨 학문은 네덜란드(화란)의 자극에서 비롯된 난학이었다. 하지만 이 분야는 의학과 기술 등 실용적인 분야에 머물렀다. 그에 비해 복고신도, 즉 국학은 유불 사상의 도덕관념의 억압 속에서 일본인 고유의 아름다운 감정과 표현이 발현되지 못했다는 문제의식 아래서 일본의 고유성과 우수성에 집단적으로 도취되는 길을 처음으로 열게 되었다는 점에서 구별된다. 에도 시대에 풍미했던 유교를 일본적으로 새롭게 정립한 미토학도 실은 복고신도의 영향 아래서 천황의 권위에 집중하는 존왕양이 개념으로서 근대 일본의 정치사상 등에 큰 영향을 미친다.

'복고'라는 말 자체가 기독교의 종교개혁자나 유럽 인문학자들이 슬로건으로 사용한 '근원으로, 고전으로 돌아가자'라는 말의 라틴어 '아드 폰테스(Ad Fontes, back towards an origin)'와 유사하다. 실제로 복고신도에는 마테오 리치(Matteo Ricci)를 통해 중국에서 한문으로 정리된 기독교 교리서인 『천주실의(天主實義)』 등이 큰 자극을 주었다. '다신교'에만 매몰돼 있던 에도 시대 일본인들에게 자신들의 고전 속에서도 '유일신'이 존재할 수 있다는 상상, 그리고 그것을 설명해 낼 수 있다는 자신감을 안겨 준 책이

다름 아닌 기독교 교리서였던 것이다. 이 과정에서 일본의 국학자들은 아메노미 나카누시노카미[天之御中主神]나 그 후에 등장하는 태양신인 아마테라스 오미카미 등의 일신교적 고대신 개념에 주목하게 된다. 일본조합교회의 목사이자 도시샤대학 제8대 총장이었던 에비나 단조[海老名弾正]도 확신에 차서 그 점에 대해 다음과 같이 논하고 있다.

> "히라타 아쓰타네는 탁견을 지녔고 또한 용감하다. 그 당시 야소교(耶蘇教)는 엄금(厳禁)되었을 뿐만 아니라 연구 재료도 쉽게 손에 넣을 수 없었다. … 지나(支那, 중국)에서 출판된 『기인십편(畸人十篇)』, 『칠극대전(七克大全)』과 『천주실의(天主實義)』는 그의 손에 들어갔던 것이 분명하다. … 그가 단지 야소교를 배척(排斥)하기 위해 그것을 공부했다고는 생각되지 않는다. … 그것을 통해 고신도(古神道)의 기초를 세우고, 또한 그것을 널리 전하기 위해 공부했다고 말하지 않을 수 없다."[3]

마테오 리치 등이 중국에서 한문으로 펴낸 기독교 서적들이 근세 일본의 종교 사상 및 정치사상에 자극을 주었고, 결국 일본의 근대성에 결정적 영향을 미쳤다는 이러한 관점에 대해서는, 에비사와 아리미치[海老沢有道]가 쓴 논문 「복고신도와 기독교[復古神道とキリスト教]」도 명료하게 설명하고 있다.[4]

---

3 海老名弾正, 『新日本精神』, 近江兄弟社出版部, 1935, 35.
4 海老沢有道, 「復古神道とキリスト教」, 山本達郎, 『比較文化の試み』, 研究社, 1977.

일부 국학자(복고신도가)들에 의해만 소통, 공유되던 이 사상이 근대 일본의 대중적 사상으로 발전, 확대되어 간 계기는 메이지유신을 통해서다. 다수의 유학생 파견과 수많은 번역서의 소개 과정에서 19세기에 형성된 종교학 이론은 종교의 발달, 진화 정도에 따라 먼저 다신(다령)숭배의 자연종교를 한데 묶어 원시종교(Primitive Religions) 혹은 하등종교(Lower Religions)로 규정하였다. 여기에는 고대인의 정령숭배(animism)나 무속 신앙(shamanism), 주술(magic) 등이 해당되므로 일본의 신도는 바로 이러한 하등종교에 포함되었다. 그에 비해 성문화된 경전이나 교리 체계를 갖추고 높은 수준의 윤리와 도덕 기준을 지키는 종교군을 문명종교(Civilized Religions) 혹은 고등종교(Higher Religions)로 설명하였는데, 여기에는 유대교, 기독교, 이슬람교, 불교, 유교 등이 포함되었다. 이러한 근대 종교학의 경향은 일본의 현실 종교에 대한 집단적 열등감, 굴욕감을 자극하였으며, 이는 당장 극복하고 해결해야 할 근대 시기의 당면 과제가 되었다. 마침 일본 고전 속에서 유일신적 존재를 탐구하던 '국학(복고신도)'은 다신교로서의 신도가 일신교로 진화·발전하고 있음을 증명하는 중요한 이론적 토대로 주목받게 된다. 처음에는 다신교적 상황을 전제로 한 단일신교(單一神敎, henotheism)적 신도를 추구하였지만, 종국에는 기존 일신교마저 압도하고 초월하는 유일신교(唯一神敎, monotheism)로서의 신도까지 구상하려고 한다. 이는 이후 일본의 모든 신사(神社)를 천황을 정점에 둔 '황실신도(皇室神道)'의 우산 아래 일원화한 이른바 '국가신도', 즉 '신사신도'의 형성으로 전개돼 갔고, 그 과정에서 '근대 천황제'가 탄생한다. 여기서 천황은 아메노미 나카누시노카미나 아마테라스 오미카미라는 유일신 개념을 이 땅에 드러내 보인 '아라히토가미[現人神]'로서 근세 이전과는 전혀 다른 새로운 의미를 지니게 되었다. 전지전능의 신(구약)이 이 땅에 인간으로 강림(신약)하였다는 기독교의 강생(降生, incarnatio), 성육신(成肉身, Incarnation), 공현(公現, Epiphany) 등의 개념은 그렇게 근세 복고신도의 섭취 과정을 거쳐 근대 일본의 국가신도와 근대 천황제의 탄생의 자극에 일정 부분 일조한 것이다.

1930-1940년대의 신사참배 강요 당시, 참배를 거부해 '불경 사건'으로 재판을 받게 되면 반드시 듣는 질문이 있었다. "너희의 하나님이 더 높으냐? 천황이 더 높으냐?" 이는 고등종교로서의 기독교의 신조차 압도하는 '초종교(비종교)'적 권위의 일본 고대신과 그 현현으로서의 천황을 설명해 내려 한 근대 일본의 야심이 노골화된 질문이기도 했다.

이처럼 근대 일본 종교 사상사의 연원을 추적해 가다 보면, 의외로 무력(조총)의 확보라는 '물적(부국강병) 토대'와 일신교적 완성으로서의 근대 천황제를 탄생시킨 '정신적(종교 사상) 토대'라는 두 측면 모두에서 기독교가 중요한 자극제, 촉매제 역할을 했음을 확인하게 된다. 유일신교에 대한 오해와 왜곡된 수용 과정은, 국수주의 및 전체주의와의 손쉬운 결합을 도와준다. 그것은 이후 '국가신도'에 영합한 일본의 기독교가 군국주의 세력에 부역해 간 역사, 그리고 독일의 기독교가 나치즘과 한 몸을 이루었던 유사한 흐름에서도 잘 드러난다.

3) 근대 일본 우익의 정신적 지주, 요시다 쇼인과 그 후예들

21세기에 접어들어 일본의 우경화를 주도해 온 아베 신조[安倍晋三] 전

총리의 정치적 고향은 혼슈 최남단 야마구치현, 옛 조슈번[長州藩]의 땅이다. 여전히 현대 일본 정치 경제를 주무르는 이 지역 출신 우익 인사들을 '조슈벌[長州閥]'이라고 부르는데, 이들이 정신적 지주로 삼는 인물이 바로 요시다 쇼인[吉田松陰]이다. 근현대 일본의 우익 사상에서 절대로 빼놓을 수 없는 사상적 아버지인 셈이다. 에도 말기 혼란한 정세 속에서 무력한 도쿠가와 막부에 환멸을 느낀 요시다는 존왕양이 사상에 심취하여 1857년에 고향 야마구치로 돌아와 쇼카손주쿠[松下村塾]라는 학숙을 세워 가르치기 시작했다. 그 과정에서 "천하는 천황이 지배하고, 그 아래 만민은 평등하다"라는 일군만민론(一君萬民論)을 주창하였는데, 이것이 이후 1870년대에 정한론으로 구체화되었다. 하지만 막부의 탄압으로 요시다는 결국 옥사하게 되는데, 죽음 직전에 "내 몸은 비록 죽지만 야마토혼(大和魂, 일본혼)은 반드시 세상에 남기리라!"라고 외쳤다고 전한다. 그의 사상의 뿌리에는 앞서 소개한 '복고신도(국학)'와 '미토학' 등이 존재한다.

요시다의 죽음을 계기로 그의 지도를 받은 제자들은 메이지유신의 주역이 되었고, 이후 대만과 한국 등 동아시아 침략의 중심 역할을 수행한다. 일본의 초대 총리이자 조선 초대 통감 이토 히로부미[伊藤博文], 청일전쟁에 직접 참여한 제3대 총리 야마가타 아리모토[山縣有朋], 명성황후 살해의 배후이자 주도자였던 외무대신 이노우에 가오루[井上馨]와 당시 조선 주재 공사 미우라 고로[三浦梧楼], 미국과의 가쓰라-태프트 밀약을 맺으며 조선 침략의 발판을 조성한 외무대신 가쓰라 다로[桂太郎], 조선 초대 총독 데라우치 마사타케[寺内正毅], 조선 제2대 통감 소네 아라스케[曾禰荒助], 제2대 조선 총독 하세가와 요시미치[長谷川好道] 등이 모두 요시다 쇼인의 문하를 거친 야마구치 인맥이다. 2006년 9월 아베 신조 당시 총리는 요시다 쇼인을 가장 존경한다고 밝히면서 참배를 반복했으며, 야마구치에는 요시다 쇼인을 기념하는 신사와 학숙 등이 세워져 여전히 성역화되고 있으니, 일본 근대의 역사는 현대에도 계속 진행 중인 셈이다.

포스트 아베로 한때 주목받았던 자민당 내 인사로서 이시바 시게루[石破茂]가 있다. 그는 아베와 달리 한일, 중일 관계의 개선이나 역사적 성찰을 언급하기도 하지만, 헌법 9조 개정을 통해 군대를 부활시키고 이른바 '보통 국가'로 회귀해야 함을 주장한다는 점에서 대표적인 우익 인사에 속한다. 아베와 마찬가지로 극우 단체인 '일본회의(日本会議)'의 상담역 회원이기도 하다.

그런데 의외로 그는 일본에서 보기 드문 기독교인 정치인이다. 일본 인구의 0.5% 안팎에 불과한 기독교인의 비율을 생각할 때 꽤 주목되는 점이 아닐 수 없다. 아베가 만주국의 고위 관료이자 A급 전범 용의자였던 기시 노부스케[岸信介, 이후 총리 역임]의 외손자인 것처럼, 이시바 시게루 또한 돗토리현지사, 참의원 등을 역임한 이시바 지로[石破二朗]의 아들인, 일본의 전형적인 세습 정치인이다. 그런데 이시바의 외증조부 가나모리 쓰린[金森通倫, 1857-1945]은 도시샤대학의 창립자 니지마 조[新島襄]의 제자로서, 일본조합교회의 대표적인 초기 지도자로서 오카야마 및 돗토리 지역 전도에 여러 흔적을 남겼던 인물이다. 현재의 일본기독교단 돗토리교회의 초기 개척과 1880년 설립 과정에도 가나모리가 관여하였다. 그런 인연으로 가나모리의 장녀가 돗토리 지역에 자리를 잡았고, 이시바 집안의 며느리가 되어 지금의 이시바 의원의 할머니가 된 것이다. 어릴

___ 1883년 일본기독교도대친목회 사진

뒤에서 두 번째 줄, 오른쪽에서 네 번째가 가나모리 쓰린. 가나모리 왼쪽에 우에무라 마사히사가 있으며, 사진 안에는 에비나 단조(맨 앞줄 맨 오른쪽), 마쓰야마 다카요시(맨 앞줄 왼쪽에서 세 번째), 쓰다 센(가운데 이수정 옆), 니지마 조(이수정 바로 뒤), 우치무라 간조(두 번째 줄 가운데) 등 당시 일본을 대표하는 기독교인들이 가운데 두루마기를 입은 조선인 개종자 이수정을 둘러싸고 함께한 모습이다

적부터 할머니의 깊은 신앙심을 보고 자란 이시바도 자연스럽게 고교 시절 돗토리교회에서 세례를 받고 교회 회원이 된 인물이다.

패전 이후 일본의 기독교계가 걸어온 참회와 반성의 길은, 반세기 이상 한일 관계 회복에 큰 기여를 한 게 사실이고, 이시바 씨 또한 그런 긍정적 영향을 어느 정도 받았을지도 모른다. 하지만 아베와 다를 바 없는 '일본회의'에의 참여, 군대 부활을 주장하는 등의 우익적 행보는 어떻게 해석해야 할까? 여기서 그의 외증조부의 성향을 보면 기독교인으로 우익 정치인의 길을 걷는 이유를 어느 정도 짐작할 수 있게 된다.

이시바의 외증조부 가나모리 쓰린이 속해 있던 일본의 초기 기독교 그룹인 '구마모토 밴드[熊本バンド]'는 '봉교취의서(奉教趣意書)'를 통해 격변하는 근대 세계 속에 제국 일본을 위해 충성하기 위한 하나의 방법론으로서 기독교를 받아들인 이들이었다. 1945년 종결된 제국 일본의 침략사 속에서 이들보다 식민지 경영과 전쟁에 적극적으로 협력한 그리스도인들은 없었을 것이다. 가나모니 쓰린의 동료이자 구마모토 밴드의 대표자로서 앞서 소개한 에비나 단조는, 일본의 한국 침략 과정에서, 이른바 '조선전도론(朝鮮伝道論)'을 통해 일본의 황국적(皇國的) 기독교를 이식하려 노력한 목사, 신학자였다. 또한 신도와 기독교를 결합하여 야마토 민족에게 신이 부여한 선민의식을 강조하며 일본제국의 팽창을 신학적으로 정당화하였다. 따라서 기독교가 일본의 국체에 반하는 집단이라는 국수주의 학자들의 비판에 저항하면서 "기독교가 주창하는 개인의 가치나 평등성은 제국 입법의 정신과 모순되지 않고, … 기독교는 천황제 국가의 발전에 공헌하고 있다"[5]라고 항변하였으며, 한층 더 "기독교는 … 오히려 국가를 발전시켜, 국체에 모순되지 않고, 결코 충군에게도 반하지 않는다"[6]라고 강조했다. 즉 기독교의 보편성과 민족(국가)의 특수성을 동시에 성취할 수 있다고 강조한 것이다.

또한 에비나는 히라타 아쓰타네 계통의 복고신도, 그리고 대표적인 교

---

5 土肥昭夫, 『天皇とキリストキリスト: 近現代天皇制とキリスト教の教会史的考察』, 新教出版社, 2012, 405-406.

6 砂川万里, 「海老名弾正」, 加藤正夫, 『明治期基督者の精神と現代: キリスト教系学校が創立』, 近代文芸社, 1996, 99.

파신도인 구로즈미교[黒住教]와 기독교를 조화, 융합시키는 과정에서 천황과 직결되는 '아마테라스 오미카미'를 황통이나 황도의 이상으로서 유난히 강조한다.[7] 심지어 교회의 설교에서도 "아마테라스 오미카미가 … 나타나신 광경은 실로 아름다우며 … 그 자체로서 영광스러운 생명이다"[8]라고 강조할 정도였다. 또한 천황은 "지존지성(至尊至聖)의 이름의 천신의 황손[天神の皇孫]"[9]이라면서 신도는 황권과 국권의 옹호자라고 적극 옹호했다.

특히 "죄악과 싸우시는 그리스도혼[クリスチャン魂]과 어떠한 적국과 싸우더라도 반드시 이기게 해 주는 일본혼(日本魂)은 모두 생명력 넘치며 역동한다는 점에서 실로 동일한 것"[10]이라던가, "야마토혼이 깃든 이 나라를 사랑하지 않고서는 견딜 수가 없다. … 우리 안에서 생성되는 이 야마토혼은 그리스도혼과 일치하고 있다"[11]라고 말하면서 일본의 근대성과 기독교 신앙의 조화와 일치를 모색하였다. 일본적 가치와 기독교를 이처럼 급진적으로 일치시키려고 시도한 에비나의 신학은 다름 아닌 독일 자유주의 신학으로부터의 영향이 지배적이었다.[12]

이러한 에비나의 영향 아래서 활약한 일본조합기독교회의 신자인 법

---

7 海老名弾正, 「国体新論」, 『六合雑誌』 210, 1898, 5-10.

8 海老名弾正, 「復活の福音」, 『新人』 8(5), 1907.

9 海老名弾正, 「神道の宗教的精神」, 『六合雑誌』 198, 1897.

10 古屋安雄・大木英夫, 『日本の神学』, ヨルダン社, 1989, 133-134.

11 海老名弾正, 「予が最も愛するもの」, 『新人』 6(3), 1905.

12 홍이표, 「에비나 단죠[海老名弾正]의 자유주의 신학 수용과 신도(神道) 이해: 한국 기독교와의 관련성을 중심으로」, 『한국기독교와역사』 45, 2016, 157-192 참조.

학자 오타니 요시타카[大谷美隆]는 『나치스 독일의 헌법론[ナチス・ドイツ憲法論]』(岩波書店, 1939)에 기초하여 「나치스 헌법의 특질[ナチス憲法の特質]」(1944)이라는 논문을 발표하기도 했다. 또한 일본제국의 모든 주권이 천황에 귀속되고 있다는 사실을 법학자로서 주장한 『천황주권론』(1935)이라는 책에 이어, 4년 뒤에 발표된 『국체와 기독교: 일본적 기독교의 제창』(1939)라는 책은 그 주장을 신학적으로까지 확대시키고 있다. 즉, 일본의 조화삼신[造化の三神] 개념은 기독교가 말하는 '삼위일체론'과 동일하다는 주장까지 내놓으면서 일본의 신도와 기독교의 완전한 결합을 강조하는 것이다. 이는 결국 기독교의 그리스도는 '신의 대표자[神の代表者]'라는 선언적, 관념적 존재라면, 일본의 천황은 현존하는 '신의 대리자[神の代理者]'라 평가하면서 이 시대의 실질적 통치자인 천황에게 복종하고 충성해야 함을 요구하였다.[13]

일본에서는 보기 드문 크리스천 정치인 이시바 시게루의 기독교 신앙의 역사적 배경을 살펴보면, 그가 보이는 정치적 성향이 결코 새롭게 탄생한 것만은 아님을 확인하게 된다. 하지만 일본의 기독교계는 1945년 패전과 동시에 인간이 신과 같은 절대적 존재가 될 수 있다는 그 어떤 사상적 가능성과도 그 관계를 철저히 끊고자 노력해 왔다. 여전히 메이지 유신적 사고가 연속적으로 지배하는 일본 사회에서 전후 일본 기독교계가 마이너리티로 존속할 수밖에 없는 숙명은 이렇게 시작되었다고 생각된다. 하지만 일본의 정치적 우경화가 고조되던 지난 2015년부터 '일본

---

13 大谷美隆, 『国体と基督教: 日本的基督教の提唱』, 基督教出版社, 1939, 147; 152; 161; 172.

을 사랑하는 그리스도인의 모임[日本を愛するキリスト者の会]'이라는 단체가 발족하여, 전후 일본 지성계와 교계를 지배해 온 참회와 반성 중심의 역사관을 '자학사관'이라 비판하면서, 수정주의 역사관에 입각해 제국주의나 침략 전쟁을 정당화하는 강연 활동이나 헌법 개정을 통한 보통 국가 회귀 등을 주장하는 등의 활동이 활발해지고 있는 점은 유의해서 보아야 할 동향이 아닐 수 없다.

이처럼 일본의 근대사는 물론 현대 정치에 이르기까지 일본 근대의 형성 과정에서 기독교는 늘 지근거리를 유지하며 주류에 깊숙이 들어가지는 못하더라도 나름의 역할을 수행하며 근대 일본 형성과 늘 함께해 왔으며, 오늘날에도 다양한 형태로 관여하고 있음을 확인하게 된다.

3. 근대 일본의 자아 및 타자 인식, 그리고 기독교

1) "세상의 중심에서 팔굉일우를 외치다!": '제국 일본'을 향한 욕망과 기독교

요시다 쇼인의 후예들이 현대 일본 정치를 장악하고 있는 최근 수년 전, 주목되는 발언 하나가 튀어나왔다. 2015년 3월 16일, 일본 참의원 국회에서 미하라 준코[三原じゅん子] 의원이 패전 이후 연합군사령부(GHQ)가 '대동아공영권'이라는 말과 함께 금지 용어로 제정하였던 '팔굉일우(八紘一宇)'라는 말을 전후 최초로 언급한 사실이다. 미하라 의원은 "(일본의) 건국 이래 소중히 간직해 온 가치관인 팔굉일우의 이념 아래 전 세계가 하나의

___ 황기 2600년을 맞아 1940년에 세워진 '팔굉의 기주[八紘之基柱]', 팔굉일우 탑 패전 직후 '팔굉일우'라는 말이 금지되면서 지워졌지만, 1964년 도쿄 올림픽 직후(1965) 복원되었으며, 공식 명칭은 '미야자키현립 평화언덕공원[平和台公園] 내 평화의 탑[平和の塔]'이다(© sanjo, 출처: 위키피디아)

가족처럼 서로 돕는 경제를 운용토록 하는 숭고한 정치적 합의 문서 같은 걸 아베 총리가 세계에 제안해야 한다"라면서 이 개념을 찬양했는데, 이후 문제가 되자 스가 요시히데 관방장관 등은 "(팔굉일우가 부정적인 말로 쓰인) 종래의 의미와 전혀 다르다"라고 옹호했다. 이 말은 '천황'을 정점에 둔 일본 야마토 민족의 세계 일원화 개념으로서 일본의 무한 팽창을 궁극적 목표와 가치로 삼는 일본 극우 세력의 사상적 근간이 되었다. 따라서 전후 그 사용이 금지되어 왔으나 이제 정계의 공식 석상에서도 언급되기 시작한 것이다. '팔굉일우' 개념은 일본 불교 니치렌슈[日蓮宗]에서 파생된 신종교인 국주회(国柱会)를 창시한 다나카 지가쿠[田中智学]가 만든 말이다. 다나카는 "전국의 신사에 모셔진 주신들은 모두 황조신에 통일되어야 한다[全国の神社に祀られる主神はすべて皇祖神に統一されるべき]"라고 주장하는 등, 신

도적 가치를 강조하면서 천황에 의해 통치되는 세계를 꿈꾸며 1913년에 '팔굉일우'를 처음으로 표방하였다. 지금도 국주회는 존재하는데, 일본 극우 정치인들이 대거 참여하는 '일본회의'의 행사를 국주회가 진행하는 등 일본의 우익 세력과의 밀착 관계를 여전히 유지하고 있다.

일본제국의 무한 팽창을 이념화한 이 '팔굉일우' 개념은, 에비나 단조의 제자 와타제 쓰네요시[渡瀬常吉] 등 일본의 기독교인들에 의해서 지상에서의 '하나님 나라' 건설 개념과 동일시되면서 지지를 받았다. 와타제는 일본제국의 팽창이야말로 동양에서의 '하나님 나라 건설'의 실현이라고 믿었던 에비나 단조를 계승하는 가운데 '팔굉일우' 개념까지 언급하며 다음과 같이 설명한다.

> "제2의 세계적 정신 사상은 『고사기(古事記)』에 나타난 선주민족에 대한 회유의 태도, 이즈모조[出雲朝]에 대한 평화적 교섭 및 그 후의 동화 정책에 비추어 볼 때, … 위로는 즉 아마쓰가미의 나라[天つ神の國]를 하사받아 덕(德)으로 답하며, 아래로는 즉 황손(皇孫)의 정(正)을 고양시켜 가는 가운데 마음을 펼쳐 나가야 한다. 그리고 종국에 구니노우치[六合, 전 세계를 겸하여 미야코[都]를 열어, 팔굉(八紘, 아메노시카)을 엄습하여 우-(宇)를 도모해야 하지 않으면 안 된다."[14]

한편 와타제는 "이세[伊勢]에 먼저 아마테라스 오미카미를 통해 … 좁은

---

14 渡瀬常吉, 「新日本精神の内容」, 『ひのもとパンフレット第一輯』, 新日本精神研究會, 1937, 33.

나라는 넓어지고, 경사진 나라는 평평해지며 … 운운하며 기도하고 있다. 그 세계적 정신의 맥맥[世界的精神の脈々]으로 약동할 수 있다"[15]라면서 교파신도 가운데 구로즈미[黑住]의 가르침처럼 아마테라스 오미카미를 세계화하는 것이야말로 "하나님 나라"의 실현임을 재차 강조하고 있다. 신관 출신으로 목사가 된 아시나 다케오[芦名武雄]도 "우리 민족의 전통적 신념에 의하면 천신(天神)과 천황(天皇)과 국가(國家)는 일체임을 믿으며, 신황(神皇)이 종교적 형태로 나타난 것이 신의 길[神の道], 즉 신도(神道)가 되며 도덕적 형태를 취한 것이 황도(皇道)가 된다"라고 강조하면서, 그러한 '우주의 대도(大道)'가 도는 종국에는 "국체의 본질과 팔굉일우의 천업(天業)을 통해 세계의 도의적 귀일(道義的帰一)을 나타낸다"[16]라면서 마찬가지로 신도와 합일된 일본의 기독교가 팔굉일우 실현에 공헌해야 함을 염원하고 있다. 즉 일본제국의 무한한 확장이야말로 지상(地上)의 '하나님 나라(신국) 건설'이라는 믿음이다.

'팔굉일우'는 결국 근대 일본이 세계의 중심이 되고 싶다는 욕망의 표현이기도 했다. 이 욕망이 가장 고조되었던 시기가 바로 황기 2600년이라 일컬어지던 1940년 전후였다. 만주사변(1931), 중일전쟁(1937), 태평양전쟁(1941)으로 이어진 이른바 '15년 전쟁기'의 한가운데에 놓였던 그해 1940년에는 천황이 존재하는 일본 열도야말로 세계의 중심이라는 사실을 확실히 세계에 알리고자 도쿄에 올림픽을 유치(결국 취소)하였고, 일본

---

15 渡瀬常吉, 「新日本精神の内容」, 『ひのもとパンフレット第一輯』, 1937, 34.

16 芦名武雄, 「皇道日本のキリスト教」, 芦名直道, 『回心の軌跡：神官より牧師となった芦名武雄の生涯』, キリスト新聞社, 1973, 220.

신화의 배경이 된 미야자키현[宮崎県]에는 '팔굉일우의 탑[八紘一宇の塔]'이라 불리는 '아메쓰치노 모토하시라[八紘之基柱, 팔굉지기주]'가 세워졌다.

근대 이전의 동아시아인의 세계관은 중국 대륙이 세상의 중심이었다. 영어 'China'의 어원이 된 진(秦), 그리고 한문(漢文)과 한족(漢族) 개념을 탄생시킨 한(漢) 등은 당연한 세상의 중심(中心)으로 여겨졌다. 빛나는[華] 족속이라는 뜻에서 비롯된 세계 각지의 '화교(華僑)' 개념을 하나로 통합하면서 중국이야말로 세계의 중심임을 강조한 개념은 '중화사상(中華思想)'으로 이어져 왔다. 하지만 메이지 시대 일본의 근대화는 그 중심의 혁명적 변화를 기획하기에 이르렀다. 그것이 20세기 접어들어 신불습합의 신종교를 통해 '팔굉일우'로 표현되었고, 일본의 기독교는 그 개념을 적극 수용해 일본제국의 팽창과 일본이야말로 세상의 중심이라는 점을 정당화하는 데 협력하였던 것이다. 이 과정에서 근대 일본인이 자신들의 존재를 주변 식민지와 구별하며 절대화시키기 위해 고안한 새로운 근대적 셀프 네이밍(Self-naming)이 바로 '내지(內地)', 그리고 '내지인(內地人)'이었다.[17]

2) '내지인'으로 새로 태어난 근대 일본인

구약성서 창세기를 보면 유명한 '바벨탑 사건'이 등장한다. 4절 이하를 보면, "어서 도시를 세우고 그 가운데 꼭대기가 하늘에 닿게 탑을 쌓아 우리 이름을 날려 사방으로 흩어지지 않도록 하자. 야훼께서 땅에 내려

---

17 '내지' 및 '내지인'의 근대적 의미에 대해서는 졸고, 「일제하 한국 기독교인의 '내지=일본' 개념 수용 과정: 무단통치기(1910-1919)를 중심으로」, 『한국기독교와 역사』 43, 2015, 169-204 참조.

___ 중세 유럽의 바벨탑 상상화. 플랑드르 화가 브뤼헐 작품(1563)

오시어 사람들이 이렇게 세운 도시와 탑을 보시고 생각하셨다"(창11:4-5, 『공동번역 성서』)라고 기록돼 있다. 탑을 쌓고 자신들의 공고한 문명 세계를 구축해 보려 한 인간의 야심은 결국 "하늘에 닿는" 것이었다. 즉 신의 세계에 근접하여 신에 맞서려 한 것, 더 나아가 신이 되고자 하는 욕망의 발현이었다. 그 욕망은 "우리 이름을 내고"(개역개정판) 혹은 "우리 이름을 날리는"(공동번역) 것으로 집약되었다. 여기서 등장하는 '이름'이란 결국 "나는 곧 스스로 있는 자니라(I Am who I Am)"(출3:14)라는 말에서 유래한 신의 이름 '야훼(Yahweh)'를 뛰어넘어, 자신의 이름을 더 위에 높이고자 한 인간의 욕망을 표현한 것이다. 제국 건설의 욕망은 성서의 관점에서 볼 때, 신의 절대성을 탐하거나 그 이상의 레벨을 추구하는 인간의 궁극적 욕망, 신에 대한 도전이기도 한 셈이다.

그러면 일본제국은 스스로의 이름을 어떻게 새로이 '명명(命名, Naming)' 하였을까? 세상의 중앙(중심)을 향한 팔굉일우의 욕망은 '내지' 혹은 '내지인'이라는 이름의 발명(고안)으로 이어졌다. '내지'라는 말은 원래, 허드슨 테일러 선교사가 조직한 중국내지선교회(China Inland Mission)라는 말에서 사용되듯이 국내의 '오지(奧地)'를 의미하거나, '국경의 안쪽(국내)'을 의미하는 경우의 보통(일반) 명사로 사용되었다. 일본에서도 '내지'는 애초에 오키나와[沖繩]와 홋카이도[北海道], 외국인 거류지와 부속 도서를 제외한 일본의 내부를 의미하는 용어였다. 하지만 서구인들과의 잡거를 둘러싼 이른바 '내지잡거(內地雜居)' 논쟁을 거치면서 내지는 그 의미가 확장되어 갔고, 이후 '조선'과 '대만'이라는 외부를 추가적으로 편입시키면서 '내지'라는 말은 오직 '제국 일본' 이전의 '일본'만 가리키는 고유 명사로 사용되기 시작했다. 서구에 의해 '야만'으로 치부되었던 '내지 일본'은 스스로를 '문명'으로 급속히 변환시키기 위해 '야만으로서의 외지'가 필요했다. 그 결과 일본은 '보통 명사'였던 '내지'를 고유 명사로 바꾸어 '문명으로서의 일본'으로 절대화시키려 한 것이다. '내지'가 보통 명사에서 고유 명사가 되기 시작한 원점은 바로 오키나와와 홋카이도라는 외지(이른바 '국내 식민지')를 발견한 시점이다. 하지만 이 같은 '내지의 고유 명사화'는 청일전쟁(1895)을 통해 '대만'을, 이후 러일전쟁(1904)을 통해 '조선'을 새로운 '외지'로 확보해 가는 과정에서 더욱 강화되어 간다.

알기 쉽게 비교해 보면, 가령 부산 사람들이 한반도 전체를 지배하게 되고, 모든 지역의 국회의원과 지자체장은 부산 출신 이외에는 불가능한 이른바 '부산제국'의 시스템을 구축했다고 생각해 보자. 그때 '바다'라는 일반(보통) 명사는 부산의 대표적 해변 '해운대'에만 쓸 수 있게 하고, 나머지 유수의 바다들은 '경포 해운대', '대천 해운대', '월미도 해운대'와 같은 표현만 쓰도록 강요된 상황을 상상해 보면 어떨까? 일본이라는 고유명사는 '제국'에 편입된 모든 주변국에게 강요되기 시작했으므로, '내지'라는 일반 명사를 옛 일본, 즉 야마토 민족만이 특권적으로 사용할 수 있게 된 상황이 바로 그것이다. 이는 언어의 독점적 사용과 제한을 통해 자연스럽게 스스로의 권위를 확인하고 스스로를 '절대화'하는 유효한 방법이기도 했다.

일본은 자신들이 동경하며 두려워하던 서구의 입장이 되어, 한국과 대만 등의 식민지에 그러한 서구 오리엔탈리즘의 변종 씨앗을 파종했다. 요즘 말로 유전자 변형 종자(GMO)처럼 말이다. 페리와의 조우 이후 서구 세력의 무분별한 침투는 애써 막았지만, 위기의식의 고조는 메이지유신을 통한 근대화를 자극하고 재촉하는 계기가 되었다. 결국 '야마토 일본', 즉 '내지'의 안전 보장이라는 이슈가 핵심 당면 과제로 부각되었고, 그것을 달성하기 위해 일본은 '내지 보호'를 위한 '외지(식민지) 확보'에 관심을 갖게 된 것이다. 이처럼 '공포와 불안'에서 촉발된 '제국 및 식민지' 건설 시도는 서구의 그것과는 근본적으로 구별되는 일본 제국주의만의 특징이 된다. 즉 기독교 선교를 앞세운 문명개화론과 산업혁명 이후의 원자재 수탈 및 매판 시장 확보를 위해 본격화한 서구의 제국주의 방법론과는 그 출발 동기부터가 달랐다. 제국 건설의 모방과 습득, 변태적 체화 과정에서 근대 일본은 스스로의 공포심과 불안감을 가리기 위해 더욱 높고 공고한 성을 쌓아야 했다. 그리고 초라한 군주를 돋보이게 하려다가 심지어는 '신'으로까지 격상시켜 나갔다. 자연스럽게 서구 제국주의가 '기독교'를 이용하였던 자리에 근대 제국 일본은 '신도와 천황'을 환치시 컸고, 스스로를 존귀한 민족으로 포장해 나가야 했다. 왜소한 공작새가 화려한 꽁지 깃털을 내세우는 것처럼 말이다. 그 스스로를 가장 성스럽 고 안전한 공간에 위치시켜 마음의 안정을 도모하기 위해 탄생시킨 근대 적 산물이 '내지의 고정과 외지의 동심원적 확대 재생산'이었다.

이것은 일본의 전통적 성곽 문화가 그대로 국가적 차원으로 확장된 형 태라 말할 수 있다. 가장 깊숙한 안쪽 중심에 천수각(天守閣)이 배치되고, 그 주변으로 혼마루[本丸], 니노마루[二の丸], 산노마루[三の丸] 등으로 확장되

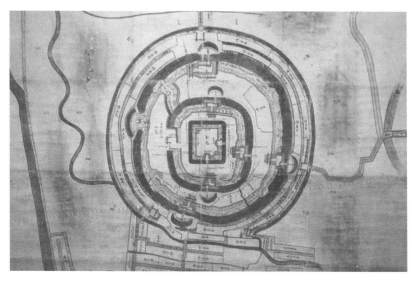

_____ 일본 시즈오카 다나카성[田中城]의 도면
일본 성곽 문화의 동심원적 팽창의 전형을 보여 준다(『大阪実測図 日本国内務省地理局 明治20年9月28日版権届』, 大阪市立中央図書館所蔵)

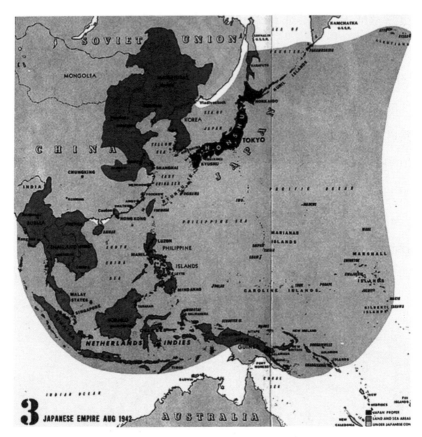

___ 1942년 태평양전쟁 시기, 가장 넓게 팽창되었던 시기의 제국 일본의 권역. 서구 제국 건설과
달리 내지를 중심에 두고 일본 성곽처럼 동심원적 팽창을 보이고 있다(Japanese Empire from 1895
to 19 August, 1945/Army Transportation Corps, Aug. 27 1945, University of North Texas Libraries)

어 동심원적 팽창을 해 나가는 자기방어 시스템 말이다. 이러한 구조 속
에서 가장 존귀한 존재(영주, 다이묘)는 가장 안쪽의 내밀한 곳에서 보호
된다. 메이지유신 이후의 '근대 제국'을 건설한 일본에서 그러한 존재는
바로 '천황'이 되었으며, 천황이 머무는 황거(皇居, 구 에도성)는 제국의 중

심, 더 나아가 세계의 중심이 된다. 그러한 천황과 일본 야마토 민족을 절대화하기 위해 '내지', '내지인'과 같은 말 이상으로 적합한 표현은 없었을 것이다. 이러한 제국 확장의 양태는 서구에서는 전혀 발견되지 않는 근대 일본만의 특징이 아닐 수 없다.

이러한 '내지=일본'이라는 근대적 네이밍은, 조선과 대만, 만주 등의 식민지를 근대에 도달하지 못한 '비문명적 외지'로 전락시키는 개념으로 활용되었다. 근대화의 새로운 통로가 된 '내지로서의 일본'은 동경의 대상으로 격상되었다. 그 논리 속에서 서양 문명과 '내지로서의 일본'은 대립 혹은 저항의 대상이 아닌 대세로서의 '근대'로 강요되기 시작했다. 한국이 식민지로 전락한 지 7년째였던 1917년에 발간된 『半島時論』을 보면 다음과 같이 내지인(일본인)과 식민지민(조선인) 사이의 차별적 언급이 확인된다.

> "조선인(朝鮮人) 중 항상(恒常) 최하급(最下級) 인종이 내지인과 직접 관계하는 일이 많은즉, … 내지인 소견(所見)에서 조선인은 대부분 이와 같은 미개인종(未開人種)으로 오해하므로 … 감정(感情)도 여기서 일어나는 바요, 또는 조선인이 만약 내지인과 교유하기를 좋아해서 선진자(先進者)의 지식(智識)을 교환(交換)하며 지도자의 교유(敎諭)를 청종(聽從)할지면 상호 간 온의(慍意)를 이해하여 … 외면(外面)으로 경앙(敬仰)하는 체(體)는 있으나"[18]

---

18 「社說-內鮮人의 融和를 論함: 互相間事情을 善히 理解하라」, 『半島時論』, 1917.9.10, 8-9.

조선인은 미개한 인종, 비윤리적이고 폭력적인 존재로 묘사되는 반면, 내지인은 지도자, 선진자, 교육자, 모범자 등으로 표현된다. 이에 대해 일본의 기독교인들은 '선민의식' 개념으로 이러한 '내지', '내지인' 의식을 지탱해 준다. 에비나는 청일전쟁 당시 "오늘날 우리 일본이 문명을 아시아 대륙에 심을 때가 되었으며, 이것은 하나님이 특별히 일본에 위탁한 천직(天職)이 아니겠는가?"라고 말했고, 러일전쟁 때는 "하나님 나라 건설을 위한 성전(聖戰)"이라는 표현과 함께, 이 기회로 일본인은 "파도처럼 아시아 대륙으로 진출해 정치, 교육, 상업 및 종교에서도 일본인의 주의(主義)가 자유롭게 행해져서 조선과 중국이 일본의 제국이 되어야 할 것"이라고 주창했다. 또한 내지라는 새로운 근대어도 적극 수용하면서 에비나는 "내지의 선량(善良)한 사람들이 착착[着々] (선진사회를) 실현해 가는 것은 숨길 수 없는 사실이다. 즉, 내지 세력의 증진(增進)을 의미한다. 증진하는 문명력(文明力)은 실로 발전하여 내지에 있어서는 행(行)이 능력을 더 키워, 신계획, 신기축을 조선만주(朝鮮満州)에서도 시도해 나가고 있음이다"[19]라며 일본제국, 즉 내지인의 대륙 진출이 문명 세계의 팽창임을 확실히 했다. 그는 다시 "내지의 하수(下水)가 만주(満州)의 들판에 넘쳐 흘러감이 보인다. … 위대한 인물을 낳는 문명(文明)의 대조류(大潮流)를 … 흐르게 하여, 이들 또한 맑은 이상[淸き理想]의 대해(大海)로 이끌어야 한다"[20]라면서 '내지=일본=문명'의 도식을 반복해 강조하였다.

---

19 海老名弾正, 『選民の宗教』, 新人社, 1916, 110.
20 海老名弾正, 『選民の宗教』, 1916, 113.

그 제자 와타제도 같은 맥락에서 1913년에 『조선교화의 급무[朝鮮敎化の 急務]』라는 책을 펴냈으며, "지금이야말로 내지인의 직간접 교화·감화[敎 導感化]를 통해 … 조선인을 흥기(興起) 시킬 때"[21]라거나, "내지에 있어서의 교육칙어[敎育の勅語]는 그대로 우리 조선인에게도 부여된 것이다"[22]라고 강조하며, 여전히 열등한 수준에 머물러 있는 조선인을 '내지인'과 같은 수준으로 이끌기 위해서는 아래와 같은 신도 의식에 참례시키는 것을 강 조하고 있다.

> "예를 들어 선제붕어(先帝崩御)의 때의 경제식(敬帝式), 그리고 금상 폐하 어대례(御大礼)의 때의 봉하식(奉賀式) 등을 거행하는 경우에는, 무엇이 든 간에 국민적 자각을 일으키는 예용(礼容)을 지킴으로, 경건의 염(念) 에 충실한 내지의 심(心)을 지닌 사람들과 함께 세워도 손색이 없도록 이끌어야 한다."[23]

숙명여학교 설립과 운영 과정에 깊이 관여한 기독교인 여성 후치자와 노에[淵澤能惠]도 "한 가지 기쁜 일은 조선의 계집아이들이 내지인의 처녀 (妻女)로서 결혼하는 흐뭇한 현상들이 생겨났다는 것입니다. … 내지인과 조선인의 결혼자들이 많이 생겨나면, 동화(同化) 등도 앞으로는 문제가 없

---

21 渡瀬常吉, 『朝鮮敎化の急務』, 警醒社, 1913, 2.
22 渡瀬常吉, 『朝鮮敎化の急務』, 1913, 43.
23 渡瀬常吉, 『朝鮮敎化成績報告』, 日本組合基督敎会, 1917, 21-23.

_____ 숙명여학교의 이정숙(李貞淑) 교장 옆에 선 일본인 여성 학감 후치자와 노에(『淑明九十年史』, 1930 수록)

을 것이라고 봅니다"[24]라면서 근대적 '선민'으로서의 '내지인=일본인'의 위상을 강조하고 있다.

이러한 '내지=일본'의 개념은, 스스로를 일본제국 내의 주변 식민지와 구별된 유일한 '문명권'으로 규정함으로써, 스스로를 '절대화'하려는 야심의 표출이기도 했다. 자연스럽게 '존귀한 땅'으로서의 '내지'에 위험한 군사 및 공장 시설 등이 건설되는 것은 바람직하지 않은 일이 되었다. 따라서 내지를 중심에 두고 일본의 성벽이 동심원적 팽창을 해 나가듯, 일본제국은 '전선'과 '국경'을 끊임없이 확대해 나갔다. 그 과정에서 위험 시설의 상당수는 식민지에 배치됐다. 이것이 '내지'와 '식민지'의 차별 구조를 더욱 공고히 해 갔다. 일본의 패전 이후 한반도와 중국 등에 있던 공

---

24 扇谷亮, 「淵澤能惠女史談」, 『娘問題』, 日高有倫堂, 1912, 174-175.

해 산업단지가 내지의 주변부(대표적으로 규슈, 도호쿠, 홋카이도 등)로 이전해 간 결과, 1956년에 유명한 미나마타병[水俣病]이 구마모토에서 발생했고, 1965년에는 니가타에서도 유사한 질병이 발견되더니, 1960년대 말에는 도야마에서 이타이이타이병이 발병한다. 지금도 이 문제는 미군 시설이 집중된 오키나와나, 간토와 간사이 등의 대도시를 위해 원전 건설로 희생되고 있는 후쿠시마(도쿄전력), 후쿠이(간사이전력) 지역, 핵연료 재처리 시설이 설치된 아오모리 지역 등 주변 지역의 처지에서도 잘 드러난다. 이러한 역사적 흐름에 대해 이마니시[今西一]나 오카베[岡部一明] 등은 '국내식민지주의(国内植民地主義, Internal Colonialism)' 개념을 통해 오랜 일본제국의 모순이 오늘날까지 이어져 오고 있음을 지적하고 있다.[25]

패전 이후의 천황제는 '상징'이라는 말을 앞에 붙인 채 공기처럼 일본에서 유영하고 있으나 무력한 존재로 전락해 있다. 평민 출신과 결혼하는 천황가의 마코 공주를 향해 온 국민이 비난을 퍼붓는 현상을 보고 있노라면 일본 국민은 자연인으로서의 천황이나 천황가를 숭배한다기보다는 근대가 만들어 놓은 '시스템', '체제'에 집착하는 것인지 모른다. 일본은 정치, 외교, 군사적으로는 한풀 꺾였어도 제2의 경제 대국으로서 세계 속의 중심성, 곧 '내지성'을 잃지 않던 시절을 여전히 그리워하고 있다. 결국 개개인의 욕망이 집단화된 근대 일본의 불행한 초상이다. 롤랑

---

25 今西一編, 『世界システム東アジア−小経営・国内植民地・〈植民地近代〉』, 日本経済評論社, 2008; 今西一, 「帝国日本と国内植民地: 〈内国植民地論争〉の遺産」, 『立命館言語文化研究』 19(1), 2007, 17-27; 今西一, 「国内植民地論・序論: Internal colonialism: the prologue」, 『The economic review』 60(1), 2009, 1-20 등을 참조.

바르트(Roland Gérard Barthes)는 『기호의 제국』(1970)에서 도쿄의 황거(皇居)를 둘러본 뒤 "이 도시는 중심을 가지고 있다. 하지만 그 중심은 공허하다"라는 감상을 적었다.[26] 팔굉일우적 무한성이 시작되는 원점이라 믿어졌던 공간은 패전 이후 무력하게 텅 비어 있다. 그럼에도 불구하고 현대 일본인은 황거를 중심으로 한 열도 전체의 내지성(內地性), 곧 메이지 근대 일본의 번영을 향수하고 있는지 모른다. '공허한 중심[空虛な中心]'에 집착하며 허우적거리는 모습은, 팬데믹 상황하인 2021년에 개최된 '도쿄 올림픽 2020'의 풍경 속에서도 잘 드러났다.

3) '토인'의 탄생과 일본 기독교

> "마쓰야마[松山]는, 현저한 한학자(漢學者)로서 … 이곳의 한두 명 정부 고관을 빼놓으면 그 이상의 중국과 일본의 문학에 정통한 사람은 이 지역에서 찾아볼 수 없다고 생각한다. … 그는 무학(無學)의 사람들과 대화하는 것에 아주 힘들어하는데, 곧 이러한 곤란도 극복하리라 믿는다."[27]

일본 최초의 성서 번역 과정에서 신약과 구약 모두에 참여한 유일한

---

26 롤랑 바르트, 김주환·한은경 역, 『기호의 제국』, 민음사, 1996; 롤랑 바르트, 한은경 역, 『기호의 제국』, 산책자, 2008.

27 D. C. Greene's Letter to N. G. Clark, May 9, 1874; 茂義樹, 『明治初期神戸伝道とD·C·グリーン』, 新教出版社, 1986, 184에서 재인용.

일본인 개종자가 바로 마쓰야마 다카요시[松山高吉]이다. 그는 무사 계급 출신으로 복고신학자 히라타 아쓰타네의 사숙에서 공부한 국학자이기도 했다. 아메리칸 보드(미국 회중교회) 소속의 그린 선교사의 보고를 보면 그가 무학의 민중 계층과 마주하는 일에 매우 어려움을 느낀다고 말한다. 이것은 근대 일본 기독교의 가장 핵심적 한계와 문제를 보여 주는 상징적 대목이다. 이에 비해 한국의 기독교 전래와 선교는 조선 시대의 가톨릭 순교사에서도 주로 중인 계층과 여성들이 대거 핍박을 받았으며, 근대 시기 개신교의 경우도 서북 지역 상인 계층(서상륜, 백홍준 등)을 중심으로 전파되어 성서의 번역도 한문(한자)을 배제한 순한글 전용으로 진행되어 기독교의 대중화, 민중화가 가능했다. 이미 여기서부터 한일 간의 기독교 역사는 서로 역방향으로 나아간 측면이 있다.

다시 일본으로 돌아와 보면, 마쓰야마 다카요시뿐 아니라 요코하마 밴드의 우에무라 마사히사[植村正久], 오시카와 마사요시[押川方義], 이부카 가지노스케[井深梶之助], 혼다 요이치[本多庸一], 오쿠노 마사쓰나[奥野昌綱], 삿포로 밴드의 우치무라 간조, 니토베 이나조[新渡戸稲造], 구마모토 밴드의 에비나 단조, 고자키 히로미치[小崎弘道], 도쿠토미 소호[徳富蘇峰], 미야카와 쓰네테루[宮川経輝], 요코이 도키오[横井時雄], 가나모리 쓰린 등 초기 일본의 기독교인들의 면면을 보면 대부분 학식이 풍부한 무사(사무라이) 계급 출신이었다. 이러한 경향은 일본의 초기 메이지역 성서가 지나치게 난해한 문장으로 번역되는 결과로 이어졌고, 지식과 사회계층에 있어서 일정 수준에 도달해 있지 않으면 기독교계에 진입하기가 어려운 분위기로 이어진다. 이 지점은 일본의 기독교가 기독교 본래의 정신을 현장에서 구현

___ 베어벡 군상 사진[フルベック群像写真]

미국 개혁파 교회 선교사로 일본에 온 귀도 베어벡(Guido Herman Fridolin Verbeck, 혹은 Verbeek, 1830-1898) 선교사를 둘러싼 44명의 사무라이들. 1868년경, 베어벡이 규슈 사가번[佐賀藩]의 번교(藩校)로 세워진 지엔칸[致遠館]의 생도들과 함께 찍은 것인데, 모두 일본도를 지참한 모습이 인상적이다. 일본학 연구자 윌리엄 그리피스는 그의 저서 *Verbeck of Japan*(1900)에서 베어벡이 미국에 보낸 이 사진을 소개하면서 "훗날 일본 정부의 다양한 영역에서 영향력을 행사한 사람들", "이후에 황국(皇国)의 수상(首相)이 된 인물"이 포함돼 있다고 설명한다. 오쿠마 시게노부[大隈重信]와 이와쿠라 도모사다[岩倉具定], 이와쿠라 도모쓰네[岩倉具經] 등이 확인된다. 오쿠마 시게노부가 펴낸 『개국 50년사(開国五十年史)』(1907)에도 '나가사키 지엔칸 베어벡 및 그 문하생들[長崎致遠館 フルベック及其門弟]'이라는 제목으로 소개되고 있다. 이 사진은 메이지 초기의 혼란기 속에서 일본의 사무라이 계급이 새로운 시대를 도모하기 위해 기독교 선교사 주변에 밀집하였던 모습을 확인시켜 준다

해 나감에 있어서도 치명적 장해 요소가 되었다.

이 과정에서 근대 국가의 기본적 형태로서의 '국민 국가(國民國家)'를 충분히 체험하고 내면화하기 이전에 급속히 '제국(帝國)'의 건설로 이행해 간 점은 일본 기독교의 체질을 더욱 왜곡시키는 결과를 낳았다. 즉 국민 국가로서의 근대화가 충분히 무르익고 성숙하여 기존 신분 질서를 혁파

한 공민성(公民性)을 더욱 확고히 하는 기회가 충분하지 못했다는 점이다. 사민평등의 근대적 가치의 내부적 실현의 경험이, 제국 건설 과정에서의 식민지민 정책에 긍정적 영향을 미칠 가능성이 그만큼 적어졌다는 말이다.

결국 일본은 근대인으로서 스스로를 성숙시키기 위한 '근대 시민'으로서의 담금질의 충분한 여유도 없이 그 과정을 생략한 채 순식간에 '제국 신민'으로 나아갔다. 그 과정에서 서구 오리엔탈리즘이 범한 과오를 그대로 내면화하면서, 그 안의 '기독교'를 거세한 유전자 변형 종자(GMO)와 같은 변종 오리엔탈리즘을 형성한다. 즉, 스테판 다나카[ステファン·田中]나 강상중이 말한 이른바 '일본형 오리엔탈리즘'이 그것이다.[28] 1970년대에 에드워드 사이드는 대표작 『오리엔탈리즘』을 통해 서구에서 오랜 세월 축적돼 온 동양 세계, 혹은 식민지 지역에 대한 왜곡된 정보와 학문성과, 그로 인해 재생산되는 편견과 오해 등을 고발하였다. 그 핵심적 내용을 살펴보면 다음과 같다.

"여기서, 타자로 여겨지고 있는 것은 '오리엔트(동양)'이다. 그리고 '옥시덴트(서양)'에 대해서는 합리적, 평화적, 사유주의적, 논리적이며 진정한 가치를 분별하는 능력을 가지며 본래적 시기심은 없다면서 스스로를 지극히 긍정적으로 인식하고, 그 반대 성향을 가진 타자로서 '오

---

28 Stefan Tanaka, *Japan's Orient: Rendering Pasts into History*, University of California Press, 1993; 姜尚中, 『オリエンタリズムの彼方へ 近代文化批判』, 岩波書店, 1996 참조.

리엔트'를 인식하는, 혹은 타자를 그렇게 규정함으로써 스스로를 인식하게 된다. … 오리엔탈리즘이란 오리엔트를 지배하고 재구성하고 위압하기 위한 서양의 양식이다. … 오리엔탈리즘이 그 정도로까지 권위 있는 지위를 획득한 결과 … 누구도 오리엔트를 자신의 자유로운 사고와 행동의 대상으로 삼지 못했고, 지금도 그러지 못하고 있다. … 서구의 동양에 대한 관심이 쳐 놓은 그물망의 총체이다."; "서양과 동양 사이의 관계는 권력 관계, 지배 관계, 그리고 여러 복잡한 방식의 헤게모니 관계일 뿐이다."[29]

앞의 '내지(인)' 개념에서도 살펴보았듯이, 근대 일본은 '탈아입구'를 통해 스스로를 '서구'와 동일한 입장에 새로이 설정했다. 그것이 근대 일본이 '오리엔탈리즘'이라는 필터를 통해 새롭게 아시아를 바라보게 만드는 계기가 되었다. '탈아론'을 주창한 후쿠자와 유키치가 고안한 신조어 '박람회(博覽會)'라는 말은 그러한 일본의 서구 오리엔탈리즘의 답습을 여실히 보여 준다. 후쿠자와가 『서양사정(西洋事情)』이라는 글에서 "서양의 대도시에는 몇 년마다 산물 대회를 열고 … 각 나라의 명산, 편리한 기계 고풍 기물을 모아 만국 사람에게 보이는 일이며 이를 박람회라 칭한다"[30]라고 소개하자, 1871년 5월에 일본 각지의 산물을 모은 '물산회(物産會)'가

29 サイード, エドワード・W, 『オリエンタリズム 上』, 板垣雄三・杉田英明監訳, 今村紀子訳, 平凡社, 1993a, 21-22; 26-27.
30 福澤諭吉纂輯, 『西洋事情』, 奥泉栄三郎監修・解説, 文生書院, 2008; 福澤諭吉, 『西洋事情』, マリオン・ソシェ, 西川俊作, 慶應義塾大学出版会, 2009 참조.

열렸고, 이듬해인 1872년 3월 10일부터는 일본 최초의 '박람회'가 개최된다. 이러한 '박람회'는 이후 일본이 스스로의 '근대성'을 선전하고 일본제국에 편입시킨 여타 식민지민들의 열등성을 재확인하는 '일본형 오리엔탈리즘'의 주 무대가 된다.

이와쿠라 도모미[岩倉具視]가 유명한 이와쿠라 사절단[岩倉使節団, 1871-1873]을 이끌고 구미 12개국을 시찰하였을 때, 원래는 촌마게[丁髷, 상투]와 기모노를 입고 출발하였다. 하지만 미국에서 만난 아들 이와쿠라 도모사다 등으로부터 그러한 모습으로는 "미개 국가로 멸시받는다"라고 지적을 받고 촌마게를 자르고 양장으로 환복하였다고 전한다. 그에 앞서 제4회 프랑스 파리 만국박람회(1867.4-11.) 등에 참여한 일본은 스스로의 문화를 선전하려는 의도였겠지만, 돌아온 반응은 서구인의 오리엔

____ 프랑스 파리 박람회의 일본인들

___ 이와쿠라 사절단, 1871년 12월에 미국 샌프란시스코에 도착한 직후의 사절단 모습(왼쪽부터 기도 다카요시[木戸孝允], 야마구치 마스카[山口尚芳]. 이와쿠라 도모미, 이토 히로부미, 오쿠보 도시미치[大久保利通])

___ 양장을 입은 이와쿠라 도모미
미국 체류 도중 이와쿠라는 촌마게를 자르고 양장을 입었다.

탈리즘적 멸시의 시선이었다. 이미 유럽은 16-17세기부터 메나쥬리(Menagerie), 즉 '동물원'을 건설하여 그 안에 짐승은 물론 무어인, 아프리카인, 인도인, 타타르족(몽골계 유럽인) 등을 전시하기도 했다. 그 연속선의 근대 서구 박람회는 일본인에게 굴욕감을 안겼고, 근대 일본인은 그에 대한 아시아인 연대를 통한 대응보다는 '탈아입구'의 방식을 선택하였던 것이다. 그것은 곧 서구인의 시선에 동참하여 같은 동양 세계를 왜곡시켜 나가는 방식이었다.

하지만 서구의 오리엔탈리즘을 일본은 동일하게 내면화할 수 없는 한계를 근본적으로 지니고 있었다. 그것은 극동에 위치했다는 지리적 한계와 더불어 백인이 아니라는 인종적 한계, 그리고 마지막으로 기독교 세계가 아니라는 지점이었다. '화혼양재'를 통해 기독교를 배제한 일본의 근대성은, 서구의 오리엔탈리즘과는 다른 '일본형 오리엔탈리즘'을 형성하게 된다. 그 과정에서 근대 일본은 서구 기독교의 '신(God)'에 대립할 만한 절대적 '신적 존재'를 필요로 하게 되었고, 그것이 바로 '근대 천황제'로 이어져 나간 것이다.

근대 천황제는 '천황'을 정점으로 한 가부장적 신분제 사회를 더욱 강화하는 방향으로 나아갔다. 앞서 살핀 '내지'와 '내지인'이 성립하기 위해 반드시 '야만, 미개'로서의 '외지'와 '식민지민'이 필요하였다. 그 과정에서 서구 오리엔탈리즘이 각 식민지에 살던 '선주민'을 '네이티브스(natives)'라고 칭하는 것을 내면화하여 새로운 근대적 '명칭'을 고안해 낸다. 그것이 바로 '토인(土人)'이라는 근대어의 탄생이다.[31]

'토인'이라는 말 또한 원래는 '그 지역의 사람들'을 가리키기 위해 사용되던 일반(보통) 명사였다. 앞서 다룬 '내지(인)'가 새로운 근대적 의미로 재탄생하였듯이, 이 말도 근대의 새로운 차별적 언어로 새롭게 태어난 것이다. 1889년에 후쿠자와 유키치는 『문명교육론(文明教育論)』이라는 논설에서 "아프리카[亞非利加]의 토인에게는 지식이 적기 때문에 아직도 문명의 영역에 이르지 못하고 있다. 하지만 구미인(歐米人)의 지식은 풍부하므로 그 인민은 문명의 백성들이다"[32]라고 표현하며, 이 말의 차별적 의미가 확산하는 데에 기여했다. 이듬해 발행된 『학창회잡지[学窓会雑誌]』(1890)

---

31 홍이표, 「한국인의 '토인(土人)' 개념과 평화」, 『아시아 공동체와 평화: 열가지 시선』, 모시는사람들, 2020, 149-186 참조.

32 福澤諭吉, 「文明教育論」, 『時事新報』, 時事新報社, 1889.8.5; 慶応義塾編纂, 『福澤諭吉全集』 12, 岩波書店, 1960, 219; 山住正己編, 『福沢諭吉教育論集』, 岩波文庫, 1991, 134.

___ '문명의 총격[文明の銃擊]'이라는 만평 삽화

새로이 문명국으로 등극한 일본은 여전히 미개국으로 머물고 있는 청국(淸國)을 향해 문명개화를 위한 '총격'을 할 수밖에 없음을 정당화하는 그림이다. 일본을 상징하는 군인은 갓을 쓴 조선 선비를 품에 안고 미개한 중국으로부터 보호하고 구해 낸다는 것을 표현했다. 후쿠자와 유키치를 비롯, 심지어는 러일전쟁 때부터 비로소 '비전론자'로 바뀌는 대표적 기독교인 우치무라 간조조차 청일전쟁의 정당성을 주장했다(『時事新報』, 1894.8.8; 歷史學研究会編, 『日本史史料4: 近代』, 岩波書店, 1997, 223에서 재인용)

라는 저널에서도 '조선국 토인의 모습[朝鮮国土人の『ありさま』]'이라는 제목의 글을 통해, 조선인을 미개인종으로서의 '토인'으로 부르고 있다.

> "조선국(朝鮮國)에 도선(渡船)하여 그 내지(內地, 여기서는 일반 명사이므로 조
> 선 국내를 의미 ─필자 주)를 발섭(跋涉)하여 … 잘 아시듯이 이 나라는 실
> 로 미개국(未開國)이었는데, 근경(近頃, 요즘) 들어 조금씩 문명(文明)의 신
> 공기(新空氣)를 호흡하고 있는 듯한 용체(容體)가 있습니다. … 이에 조선
> 국 토인의 '모습'이라는 제목으로, 속속 게재하고자 합니다."[33]

---

33 「朝鮮国土人の《ありさま》」, 『学窓会雜誌』, 学窓会, 1890, 13-14.

청일(1895)과 러일전쟁(1904)을 거치면서, 근대 국가를 건설한 문명인으로서의 정체성이 강화되자, 일본인은 스스로를 문명인으로 설정하고, 아프리카·라틴아메리카나 일본이 점령한 홋카이도, 사할린, 대만, 조선 등의 식민지 사람들은 미개와 야만으로 구별해 가리키기 위해 '토인'이라는 말에 더욱 집중한 것이다.

일본 기독교계의 에비나 단조도 이러한 '토인'이라는 표현을 구사하면서 '미개, 비문명'으로서의 '식민지민' 인식을 잘 드러내고 있다. 에비나가 한국병합(1910) 직전에 출판한 책『인간의 가치』(1909)에 나오는 '토인 근성의 탈각[土人根性の脱却]'이라는 장을 보면, 에비나는 진화론이나 도태론적 견해에 근거하여 인간을 "토인 근성을 지닌 사람"과 "토인 근성을 떨쳐 낸 사람"으로 이분화하여, 후자의 긍정적인 사례로서 메이지유신의 주역이자 근현대 일본의 본거지인 '삿초도히[薩長土肥]', 즉 사쓰마[薩摩, 가고시마현], 조슈[長州, 야마구치현], 도사[土佐, 고치현], 히젠[肥前, 사가현] 사람들을 제시한다. 에비나가 생각하는 '야마토혼'의 근간과 '내지'의 주류가 어디인지는 이 대목에서 명확해진다.

한편 신천지를 개척하고자 하는 이상(理想)도 품지 않고, 정든 땅에 집착하는 미개발·미발전의 사례로서 '대만인', '홋카이도의 아이누', 그리고 '조선인', '지나인(중국인)'을 합한 '만한인(滿韓人)'을 제시하고 있다.[34] 개척 정신이 불충분한 그들은 문명의 적이며, 애국심도 낮다며 비판한

---

34 兼田麗子,「企業人, 大原總一郎の愛国心と近代の群像」,『プロジェクト研究』(5), 早稲田大学総合研究機構, 2009, 20.

다. 에비나는 이른바 '외지인(外地人)'을 아직 문명화하지 않은 야만스러운 '토인'으로서 규정하며 다음과 같이 서술하고 있다.

"우리 제국의 토인[帝國の土시은 오직 아이누인[アイヌ시이나 대만의 토번[臺灣の土蕃] 정도라고들 한다. … 우리는 이들이 토인 근성(土人根性)에 돌아가지 않도록 막을 수 없다. … 그들 수천 명 빈민을 인솔하여, 홋카이[北海] 또는 조선(朝鮮)에 웅비하지 않고 있다."[35]

"만한(滿韓)에 비약의 편리함 없이, 혹은 용기 없는 이도, 그 다수의 친족붕우(親族朋友)가 그곳에서 생활함으로써, 만한을 이향시(異鄕視)하는 생각을 버리는 것이다. 고로 민족(民族)의 이주는 반드시 여자(女子)의 이주를 통해서 비로소 그 완성을 기할 수 있는 것이다. … 우리가 토인 근성을 배척하는 것은 반드시 그 인순고식(因循姑息)의 누습(陋習)을 염오(厭惡)하는 것만이 아니라, 우리가 이를 배척하고는 그 분투 속에서 실현해 내야 하는 이상이 없음을 비하(卑下)하기 때문이다."[36]

계속해서 에비나는 "일본인이라 함은 만약 만한의 천지에 들어가고자 하면, 그곳 토인들의 여전히 개간(開墾)되지 않은 곳은 경작하며, … 그들의 이익도 증진시키지 않으면 안 된다"[37]라면서, 반복하여 '만한인'을 토

---

35 海老名彈正, 『人間の價値』, 廣文堂, 1909, 557-559.
36 海老名彈正, 『人間の價値』, 1909, 563.
37 海老名彈正, 『人間の價値』, 1909, 597.

인으로 표현하면서, 그러한 야만적 '토인'에 대한 문명화를 달성하지 않고, 오히려 그들을 그 땅에서 추방하는 구미인들의 부정적 사례들이 있는데, 이는 일종의 문명인에게 맡겨진 책임(사명)의 회피라고 개탄하고 있다.

> "일본군이 폭악한 러시아인을 추방한 것은, 누구도 꾸짖을 수 없는 것인데, 그들이 가련한 만한인들로 하여금 생존경쟁에 견딜 수 없게 한 것은, 결코 인도(人道)에 용인될 수 있는 바가 아니다. 구미인이 세계에 번식해 감에 있어서 오랫동안 본방인(本邦人)으로부터 비난을 받은 것은, 그들이 토인을 학대하여 추방하고, 돌봐 주지 않았기 때문이다. 그들이 그 여러 곳을 문명의 천지로 만드는 것은 좋다. 하지만 토인을 추방하여 스스로 그곳을 차지해, 거리낌도 부끄러움도 없는 것은, 우리가 유감으로 삼는 바이다."[38]

물론 에비나의 이런 용어 사용에 비하여, 그 제자인 요시노 사쿠조[吉野作造]와 이시카와 산시로[石川三四郎] 등은 다이쇼 데모크라시 시대의 개방적 사고를 반영하듯, '토인'보다는 '토민(土民)'이라는 용어를 채택하여 에비나와 대립하기도 하였다.[39]

---

38 海老名弾正, 『人間の價值』, 1909, 598.

39 洪伊杓, 「海老名弾正の〈植民地民〉理解: 海老名弾正の《土人》と吉野作造・石川三四郎の《土民》の比較を中心に一」, 『明治学院大学キリスト教研究所紀要』 50, 2018, 123-155를 참조할 것. 하지만 노벨문학상 수상자인 오에 겐자부로[大江健三郎]가 『오키나와 노트[沖縄ノート]』(岩波書店, 1970)에서 사용한 '토민'이란 말로 인해 오키나와 현민들로부터 소송까지 당하였던 사건만 보더라도 '토민'이란

이런 식민지민에 대한 멸시적 태도로서 고안된 '토인'이라는 말의 근원은 역시 서구인, 특히 서구 기독교인들의 동양에 대한 왜곡된 시선이 자리하고 있다. 한국 최초의 감리교 내한 선교사인 H. G. 아펜젤러가 발행한 『대한크리스도인회보(The Korean Christian Advocate)』의 기사에도 "우리가 아프리카 토인 중에서 원수를 많이 만났으되 제일 간악한 토인은 키 작은 난쟁이라 이 난쟁이들이 활과 살을 가지고 생소한 사람을 보면 쏘되"[40]라며 아프리카인을 '토인'으로 표현하고 있으며, 초기의 기독교 관련 문헌을 보면 '토인'이 아프리카뿐만 아니라 중동, 남태평양 군도, 인도, 남북극, 적도, 남양 군도 지역까지 포괄하며 언급됨을 확인할 수 있다. H. G. 언더우드 및 게일(James S. Gale)이 발행한 『그리스도회보(Korean Christian Advocate)』도 인도네시아 수마트라의 '토인'을 선교한 독일 선교사의 경험담을 소개하면서 "여러 번 죽을 뻔했으나" 하나님의 보호로 50년간 선교 활동을 이어갔고, 인도네시아를 점령 중이던 네덜란드국 황후로부터의 훈장은 '천국 영생 면류관'이라고 표현하고 있다. 또한 아프리카 개척 선교사로서 유명한 리빙스턴이 "사람을 잡아먹는 아프리카 토인에게 전도하여 구미 각국 선교사의 선봉이 되"었다며 그 모습을 영웅담처럼 소개하고 있다. 식인종(食人種)으로서의 아프리카 토인의 부정적 이미지는, 게일 선교사를 통해 수년 뒤 아프리카에 서식하는 '식인초(食人草)' 식물의 소개로까지 이어진다.[41]

용어마저도 '차별과 배제'를 전제로 한 폭력적 근대 용어의 한계를 지닌다.

40 「내흉한쟈론」, 『대한크리스도인회보』, 1898.5.4.

41 「리빙스돈의 니야기」, 『그리스도회보』 2(25), 1913.8.25, 7; 「이샹한 초목」, 『그리스도회보』

_____ 1905년에 개최된 벨기에 리에주 만국박람회(Exposition Universelle et Internationale de Liège 1905)에 전시된 유색 인종

_____ 1950년대까지도 벨기에에서 전시 중이었던 흑인 아동
이러한 박람회의 인간 전시를 통해 야만적이고 미개한 유색 인종에 대한 문명인(백인)의 지배를 정당화하는 논리를 재생산하였다

이처럼 19세기 말-20세기 초 시기의 '토인' 개념은 철저히 서양인 선교사의 오리엔탈리즘적 관점을 경유한 것으로서, 문명으로서의 일본제국의 시각이 반영된 것은 아니었다. 서양 선교사들의 제국주의적, 오리엔

1(7), 1911.4.30.

탈리즘적 관점에 의한 '토인' 개념 확산은, 동남아시아나 아프리카의 식민지민들에 대한 부정적 묘사로 이어졌고, 그것은 폭력적이고 야만적이며, 악습으로 가득 찬 이미지였다. 영국, 프랑스, 독일, 스페인 등의 유럽 제국은 야만 세계와 투쟁하는 선한 이미지로 묘사되었고, 그것은 기독교가 선(善)이므로 이교도 지역의 식민지들은 자연스럽게 악(惡), 즉 '토벌(討伐)'의 대상으로 규정되는 방식이었다. 일본과 한국을 중심으로 한 미국 남감리회 동양연회를 관리하던 램버트(W. R. Lambuth) 감독의 아프리카 선교 경력을 소개하던 『신한민보(新韓民報)』의 1916년 기사에서도 그대로 반영되고 있다.

"램버트 감독의 싸움 성공, 램버트 감독은, … 연전에 아프리카에 전도 가던 일을 보면 가히 증거할지라. 당시 아프리카 흑인은 인육을 먹으며 더욱 외국인을 구시하여 무수한 백인의 혈육을 그 입에 빨은 고로 모든 친구가 손을 잡아, 가지 말기를 권하니 램버트 감독은 개언히 길에 오르며 가라사대, '나는 파리한 사람이라. 흑인이 어찌 뼈만 남은 나의 몸에 침을 흘리리오. 나는 상제(하나님)의 사명을 받은 사람이라. 십자가를 들은 때에 나의 몸은 벌써 잊은 지 오래다' 하고 깊이 아프리카 중심에 들어 4년간 금풍철우 중에서 야성이 길들지 않은 검은 양의 무리를 팔레스타인 울타리 안으로 몰아들이고 대승첩의 월계관을 가지고 돌아왔다더라."[42]

---

42 「한인교회디방년회, 감독 람바트 쥬석」, 『新韓民報』, 1916. 4. 6, 3.

_____ 일본에서 열린 제5회 내국권업박람회(内国勧業博覧会, 1903)의 '학술인류관
[学術人類館]'에 전시된 아시아 각국 인종들(가운뎃줄 맨 왼쪽에 치마저고리를 입은 조
선인도 여성 2명도 포함돼 있다)

1903년 오사카에서 개최된 제5회 오사카 내국권업박람회[大阪内国勧業博
覧会]에서는, 제4회 때와 달리 '학술인류관'의 형태의 전시관이 등장하였
고, 내지와 가까운 이인종(異人種)을 모아, 그 풍속, 생활의 모습 등을 보여
줄 취지로 홋카이도의 아이누 5명, 대만 생번 4명, 류큐(오키나와) 2명, 조
선 2명, 지나(중국) 3명, 인도인 3명, 인도의 기린 인종 7명, 자바 3명, 방
글라데시 1명, 터키 1명, 아프리카 1명, 도합 32명의 남녀를 각 ㄱ 나라를
표시한 일정한 구역 내에 생활케 하여, 일상적 기거 동작을 보이게 했다.
이는 파리 만국박람회와 미국 박람회에서 원주민 촌락과 같은 차별주의
적 시선의 장치가 연출된 것을 보고 따라한 것이었다.[43]

43 사카모토 히로코, 양일모·조경란 역, 『중국 민족주의의 신화』, 지식의 풍경, 2006, 94; 坂元ひ

이 사실이 알려지자, 중국은 감히 대국(大國)의 중국인을 '야만인들' 틈에 나란히 세워 놓았다고 격분하면서 항의했다. 류큐(오키나와)에서도 "류큐를 생번이나 아이누, 그리고 조선인과 동일하게 취급한 것"에 분노하며 항의했다. 오키나와는 이른바 '내지'에 속한 '내지인'이거늘, '외지'의 조선인과 대만인(생번) 따위의 하급 인종과 함께 취급당할 수 없다는 항변이었다.[44]

이처럼, 극동의 주변 열등국에 불과했던 일본은 급속한 근대 국가로의 변신을 통해 '아시아 속의 서구 근대'로 새로이 자리매김해 갔고, 그 주변의 아시아인들은 서로가 서로를 평가절하하며 '중층적 차별 구조'를 새롭게 형성하였다. 조선인 전시에 대해서도 항의가 이어졌지만, 러일전쟁의 암운 가운데 국가 기능을 상실하고 형해화의 길을 걷던 대한제국의 외침은 위력을 지닐 수 없었다.

이후 1937년 중일전쟁이 발발하자 전시 동원의 효율성 확보가 극대화되었고, 이는 외지 제 민족의 문화와 습관, 언어 등의 완벽한 '말살'과 철저한 '일본화'의 획책으로 이어졌다. '내선일체(內鮮一體, 조선)', '일지만일체(日支滿一體, 중국)', '내대융합(內臺融合, 대만)', '오족협화(五族協和, 만주국)' 등의 구호도 이때 가장 많이 선전되었는데, 이는 사실상 여전히 외지인(대만, 조선, 만주 등)에 대한 차별을 전제로 주장되는 수단적 '동화'였다. '일체(一體)'라는 말은 그저 관념뿐인 실현 불가능한 '모순' 그 자체였다.

弓子, 『中国民族主義の神話―人種・身体・ジェンダ』, 岩波書店, 2004.

44 사카모토 히로코, 양일모·조경란 역, 『중국 민족주의의 신화』, 2006, 96.

전후의 과거 반성적 분위기의 고조로 인해 일본의 각종 국어사전은 '토인'이라는 말에 대하여 "원시적 생활을 하고 있는 야만인[原始的生活をしている蛮人]"이라고 설명하는 등, 이 용어의 차별성을 명확히 했다.[45] 그 결과 '홋카이도 구 토인 보호법[北海道旧土人保護法]', '구 토인 급여지[旧土人給与地]' 등 법률 용어 속에서도 '토인'이라는 말을 뿌리 깊게 고수하던 법률들은, 1997년 '아이누 문화 진흥법[アイヌ文化振興法]' 등의 제정과 함께 폐지되었다. 동시에 신문·방송 등에서도 '토인'이라는 말은 그 사용이 금지되고 있다.

그런데도 2016년 10월 18일, 오키나와현의 미군 북부 훈련장의 헬기 기지 이전 공사장에서 사건이 발생하였다. 공사 강행을 항의하던 시민들을 향해 현장의 경찰 기동대원이 "어디를 잡는 거야, 이 바보 같은 토인이![どこつかんどるんじゃ、ぼけ、土人が!]"라고 발언한 것이 영상으로 전파되어 사회적 파문을 일으켰다. 『아사히신문[朝日新聞]』은 사설에서 "귀를 의심하게 되는 폭언이다. … 메이지 시대 이후, 정부(국가)는 오키나와에 차별과 고난의 역사를 강요해 왔다"라고 지적했다.[46] '토인'이라는 말은 이렇게 오늘날에도 변함없이 일본 사회에서 문제를 일으키고 있다.

'토인' 개념은, 기본적으로 구미 제국주의와 기독교의 식민지 확대와 포교 과정에서 잉태된 차별적 언어가 이후 일본 제국주의와 일본의 기독교를 통해 아시아에서 동양적 언어로 변용되어 확산되어 간 말이다. 즉,

---

45 『広辞苑』(1955), 『広辞林』(1973) 등을 들 수 있다.
46 「社説:《土人》発言差別構造が生んだ暴言」, 『朝日新聞』, 2016.10.21.

서구 기독교도 그 책임에서 결코 자유로울 수 없으며 근대 일본이 뿌리 내린 독버섯 같은 잔재인 것이다. 현재까지도 뿌리 깊이 남아 있는 '토인' 개념의 차별 의식을 해소해 가는 일은, 여전히 차별과 증오, 대립과 분쟁이 해소되지 않은 일본 사회와 동아시아에서 중요한 과제가 아닐 수 없다.

4. 뿌리 깊은 한국 속의 근대 일본

1) '일본 근대와 기독교'를 다룬 주요 연구와 최근 동향

지금까지의 고찰을 되돌아보며 '근대 일본'과 기독교의 관계를 다룬 대표적인 저서와 최근 연구 동향을 소개해 볼까 한다. 우선 이 글의 주제를 다룬 가장 대표적인 책으로 스미야 미키오[隅谷三喜男, 1916-2003] 도쿄대 명예교수가 쓴『근대 일본의 형성과 기독교』(1950)를 들 수 있다.[47] 이 책은 기독교의 역사를, 특히 사회적 실체로서 존재한 '교회'라는 집단에 주목하여 파악함과 동시에 이를 사회사상사적으로 재구성해 보려 한 시도였다. 주된 독자도 확실히 일본 교회와 그 안의 신앙인들을 대상으로 쓴 것이지만 교회 밖에서의 반향도 꽤 컸던 책으로 1955년에 절판된 이후, 다시 1961년에 재판되었고, 1997년에도 뒤늦게 다시 발행되었다. 일본의 근대성과 기독교를 논함에 있어서 반드시 읽고 넘어가야 하는 하나의

---

47 隅谷三喜男,『近代日本の形成とキリスト教: 明治初期プロテスタント教會史論』, 新教出版社, 1950.

통설처럼 여겨진다. 그 밖에도 스미야는 『일본의 사회사상: 근대화와 기독교』(1968)라는 책도 펴내어 이 주제를 더욱 심화 고찰하였다.[48] 앞의 책 (1950)에서 스미야는 일본의 근대 기독교는 새로운 방향으로 사회를 이 끌었다기보다는 오히려 메이지 정부의 정책이나 세속의 풍조에 편승한 측면이 크다면서 그 한계에 대하여 통렬히 지적하고 있다.

> 일본에서의 '근대' 사회는 일본적 형태로서 형성되어 갔는데, 그와 더불어 일본의 기독교회의 성격도 또한 동시에 형성되어 갔다. 한마디로 말하면 국민주의적 국권론(国民主義的国権論)으로의 종속이었으며, 비판적 에너지를 상실해 감으로써 그 앞 시대의 요소를 대부분 잔존시킨 천황제 체제로 포섭되어 가는 결과로 이어졌다. … 메이지 20년대 (1887-1896) 말부터 일본 자본주의는 급속한 발전을 거듭해 이른바 '산업혁명'의 전개라 할 만했는데, 그 발전과 더불어 메이지 34년(1901) 이후부터는 기독교계도 다시 생기를 얻어 활발한 전도가 이루어져 교회와 신자들이 급증했다. 하지만 거기에서도 여러 침식이 일어났는데, 기독교회는 자본주의 발전과 함께 증대된 중산층과 그 가족들, 그리고 젊은 학생층을 지지하는 공간이 되어 버렸다. 그 결과 농민에게 침투하는 데 어려움을 느꼈을 뿐만 아니라 봉건적 수탈에 더하여 자본제적 착취하에 놓여 있던 노동계급을 교회에 끌어들이는 것도 실패했다. 그런데 교회가 기반으로 삼았던 도시 중산 인텔리는, 일본 사회에서 더

---

48 隅谷三喜男, 『日本の社会思想: 近代化とキリスト教』, 東京大学出版会, 1968.

욱더 개인주의적인 생활 태도가 농후한 계급이 되었다. 따라서 공동체적인 제약으로부터 해방되는 가운데 프로테스탄티즘 신앙을 수용하려는 가능성에 대하여 적극적으로 모색하였으며, 동시에 개인의 소시민적 생활 안에 안주하여, 사회에 대해서 적극적 책임을 지겠다는 자세는 회피하게 되었다. 이렇게 기독교회도 천황제와 자본주의 체제에 포섭되어 간 결과, 그 대부분은 청일·러일전쟁을 거치면서 자신들은 결코 반국가적, 반사회적이 아니라는 사실을 성실히 증명하기 위해 노력하면서, 전쟁에 적극 봉사하고 나아가 러일전쟁 뒤부터는 일본 사회의 동요 속에서도 오히려 체제가 유지될 수 있도록 협력하는 집단이 되어 갔다.[49]

에도 시대의 쇄국 정서가 짙게 남아 있던 메이지 초기까지는 기독교에 대한 경계심이 만연해 있었기 때문에, 기독교회는 나름의 탄압도 받은 것이 사실이다. 하지만 탈아입구적 분위기 아래서 정재계 지도자들이 기독교를 옹호하기 시작하면서 대중이 교회로 몰려온 시기도 없지는 않았다고 스미야는 평가한다. 그럼에도 불구하고 메이지 정부가 일부 재벌 자본가에게 특혜를 베푸는 경제 정책을 취한 결과, 어떤 의미에서는 과거보다 더욱 강력한 신분제 질서가 고착되어 가는 과정에서 교회는 인간 평등의 예언자적 사명을 감당하기보다는 오히려 그러한 흐름에 편승하는 태도를 보였다는 것이다. 제국 헌법과 교육칙어의 획일성은, 근대 일

---

49 隅谷三喜男, 『近代日本の形成とキリスト教』, 隅谷三喜男出版社, 1961, 137-138.

본의 주권은 국민에게 없고 오직 천황에게만 절대적 권력이 부여되었다는 것을 국민의 집단 정서로 몰아갔다. 이른바 '국민주의적 국권주의'의 급물살 속에서 기독교도 맥없이 굴복하며 따라간 바람에 기독교 특유의 사회 비판 정신이 상실돼 갔다고 보고 있다. 천황제 강화와 기독교의 대응에 대해서는 다음과 같은 지적이 이어진다.

메이지 45년(1912)에 개최된 삼교회동(三教会同)에서는 신도, 불교와 함께 기독교는 "황운을 부익하고 국민도덕의 진흥을 기하는 것"을 결의하였으며, 교육칙어 개정보급판인 '국민도덕'의 강화 선언에 일익을 담당하며 천황제 체제의 재건과 옹호를 위해 적극 활동하기에 이르렀다. 이런 와중에도 기독교 안에서는 본질적으로 이러한 타협을 허용하지 않고 거부하는 이들도 존재했다. 복음은 신앙의 순수성을 강조하며 … 비판적 양심을 잃지 않는 기독교도들도 결코 적지 않았다. 그들의 모습은 다음 세 가지 방향으로 정리할 수 있다. ① 교회가 일본 사회와 타협하고, 신앙의 순수성을 잃어버린 것에 대하여 신앙을 참으로 인격적인 것으로 개개인 안에 확립하려던 방향으로, 우치무라 간조를 중심으로 한 활동이 그 전형이다. ② 자본주의 발전과 더불어 발생한 프롤레타리아와 그로부터 파생되는 과제에 주목하여 기독교의 새로운 발전을 사회 운동과 결합시키려 했던 사람들로서 아베 이소[安部磯雄]를 비롯한 조합교회 계통의 사람들을 들 수 있다. ③ 교회를 사회로부터 최대한 분리시켜 교회 안에만 머무는 것을 통해서 신앙의 순수성을 교회 중심적으로 시키려 했던 사람들이다. 우에무라 마사히사[植村正久]를 중심으로 한 일본기독교회 등으로 대표되는 사람들의 방향성이다.

이들 각 방향성은 저마다 의미를 지니지만, 동시에 결함도 지니고 있었다. 사회주의자는 자유주의 신학의 영향을 크게 받아 복음 자체에 대한 결핍에 이르기도 했으며, 대부분 신앙으로부터 멀어지기도 했다. 반면 교회주의자들은 신자들이 이 세상(사회) 속의 일원으로 살아간다는 현실을 경시하게 만들어, 사회에 대한 교회의 책임을 망각하도록 이끌었다. 바로 여기에 그 후의 일본 기독교계의 비극이 존재한다.[50]

스미야는 '비극'이라는 표현까지 써 가면서 근대 일본에서의 기독교가 감당한 역할의 한계를 통감하고 있다. 결국 스미야 또한 근대 일본에서 기독교가 조우한 가장 강력한 상대는 유교나 불교, 신도와 같은 전통 종교가 아니라 바로 근대 일본이 낳은 신종교라 할 수 있는 '일본교(日本教)'였다고 말한 고무로 나오키[小室直樹, 도쿄공대 교수]의 견해와 동류하고 있다고 볼 수 있다.[51] 1912년의 삼교회동이 잘 보여 주듯, 기독교 또한 불교, 교파신도 등과 더불어 '일본교' 혹은 '천황교'에 회유당하고 포섭되는 대상에 불과했다는 사실이다. 기독교의 핵심적 가치들(참회와 반성, 희생과 비움, 용서와 화해, 정의와 평등 등)은 일본에 깊이 뿌리내리지 못한 상태이며 오히려 일본교에게 그 자리를 여전히 내어 주고 있다는 말이다. 다만 서구로부터는 '개인주의', '과학주의', '합리주의'와 같은 '양재(洋才)'로

---

50 隅谷三喜男, 『近代日本の形成とキリスト教』, 1961, 138-139.
51 山本七平・小室直樹, 『日本教の社会学』, 講談社, 1981.

서의 표면적 요소만 섭취하였을 뿐이다. 마지막으로 스미야는 근대 일본이라는 실로 척박한 환경 속에서 뿌리내려야 하는 기독교의 과제에 대해서 다음과 같이 당부하고 있다.

근대 일본에서의 기독교의 발전 과정과 그사이에 형성된 기독교회의 성격이란 거의 이러한 맥락 위에 서 있다. 100년 전 처음 뿌려진 (기독교 복음의) 씨앗은 그 후 길 위에, 혹은 자갈밭 위에, 혹은 가시덤불 위에, 혹은 옥토 위에 뿌려진다. 하지만 전체적으로 볼 때, 일본의 토양은 결코 옥토였다고 말할 수 없다. 일본의 기독교는 이른바 '가시덤불 위에 떨어진' 씨앗이었으며, 그 가시가 길게 뻗어 어두운 그늘에 더욱 가려진 역사였다. 따라서 95년 전 선교사 윌리엄스(일본 성공회 초대 선교사 —필자 주) 스스로의 사명으로 삼았던 "돌을 끌어모으고 가시덤불을 없애 호미와 가래로 밭을 일굴 준비를 하자"라는 말은, 오늘날의 일본기독교회의 기본적 과제 중 하나임이 틀림없다.[52]

수년 뒤인 1973년, 도시샤대학[同志社大學]의 인문과학연구소 안에 설치된 '기독교사회문제연구소'도 이 주제를 정면으로 응시하며 『일본의 근대화와 기독교[日本の近代化とキリスト教]』라는 책을 펴냈다.[53] 위 연구소에서 발표된 연구 논문들을 취합한 이 책이 다룬 주제들은 '조합교회와 근대

---

52 隅谷三喜男, 『近代日本の形成とキリスト教』, 1961, 140.
53 キリスト教社会問題研究会編, 『日本の近代化とキリスト教』, 同志社大学人文科学研究所・新教出版社, 1973.

일본[組合教会と近代日本, 高橋虔]', '일본기독공회에 대하여[日本基督公会について, 幸日出男]', '3.1 사건과 일본조합교회[三・一事件と日本組合教会, 飯沼二郎]', '기독교 수용의 세 가지 유형[キリスト教受容の三つの類型, 今中寛司]', '니지마 조와 독일 [新島襄とドイツ, 和田洋一]', '고자키 히로미치의 도쿄 전도와『육합잡지(六合雜 誌)』의 발행[小崎弘道の東京伝道と『六合雜誌』の発刊, 杉井六郎]', '기독교도로서의 가 타야마 센[キリスト教徒としての片山潜, 辻野功]', '요시노 사쿠조의 민본주의론[吉 野作造の民本主義論, 太田雅夫]', '사회사상으로서의 연대주의[社会思想としての連帯 主義, 武邦保]', '서민문학고[庶民文学考, 辻橋三郎]' 등이었다. 한국의 3.1 독립운동 과 조합교회와의 관계 등을 처음으로 본격 규명하는 등, 일본의 근대와 기독교의 문제에 대한 시야를 식민지로까지 확대해 가기 시작했다.

도시샤의 연구 동향이 잘 보여 주듯, 이후의 일본 기독교사 연구는 교 파와 개교회, 관련 단체와 인물 연구 등의 세부적 항목으로 전개되면서 도 전체 주제로서의 '일본의 근대성과 기독교'는 중요한 키워드로 관통해 왔으며, 특히 식민지 지배와 전쟁에 대한 참회적, 반성적 성찰이 주된 흐 름을 형성했다.

전후의 일본의 이러한 연구들을 토대로, 최근 '근대 일본과 기독교'라 는 주제를 전면에 내걸고 다시금 연구서가 새롭게 등장하고 있다. 먼저 오하마 데쓰야[大濱徹也, 1937-2019] 쓰쿠바대학[筑波大学] 명예교수가 쓴『근 대 일본과 기독교』(2019)를 들 수 있다.[54] 이 책은 메이지유신 이후 다시 일본에 소개된 기독교는 16세기에 전래된 예수회(가톨릭)를 중심으로 한

---

54 大濱徹也, 『近代日本とキリスト教』, 同成社, 2019.

기독교와는 전혀 달리 이른바 '문명의 종교'로서 근대 일본에 큰 영향을 미쳤음을 강조하고 있다. 일본의 근대를 이끈 위정자들의 눈에 기독교는 구미 사회의 정신적 뼈대를 이루는 것으로 인식되었기 때문에, 그러한 기독교를 배움으로써 마침내 천황을 신으로 섬기는 근대 국가 탄생의 발화점을 확보했고, 황실전범(皇室典範)의 형성을 골자를 확보했다고 보았다. 이 말은 근대 일본이 기독교를 통해 스스로를 일신해 나가는 동력을 얻으면서도 동시에 기독교를 배제함으로써 구미 사회와는 독립된 스스로의 세계를 새롭게 구축하려 했다는 말이기도 하다. 근대 일본에 전해진 "기독교란 무엇인가?"라는 질문에 평생에 걸쳐 답하고자 애쓴 저자는 갑작스레 세상을 떠나는 바람에 이 질문의 답을 우리에게 여전히 남겨놓고 있다.

같은 해(2019)에 나온 또 하나의 공동저작으로『근대 일본에서의 기독교의 의의: 메이지 150년을 다시 묻다』를 들 수 있다.[55] 이 책은 경제학, 법학, 종교학 등의 여러 분야의 연구자들이 메이지유신 150년을 맞아 근대 일본의 성과와 실패 등을 돌이켜 보면서 기독교가 감당한 역할의 의미를 다시 묻는 기획으로 작성된 연속 강연의 결과물이다. 제1장은 우메쓰 준이치[梅津順一] 아오야마가쿠인대학[青山学院大学] 종합문화정책학부 교수(경제학)가 '청교도주의와 일본의 공동체', 제2장은 다나무라 마사유키[棚村政行] 와세다대학 법학부 교수(종교단체법 전문)가 '일본의 가족을 지탱

---

55 日本キリスト教文化協会編,『近代日本にとつてのキリスト教の意義: 明治一五〇年を再考する』, 教文館, 2019.

하는 법제도의 변천과 기독교'라는 주제를, 제3장은 가나이 신지[金井新二] 도쿄대학 명예교수(종교현상학)가 '사회 개혁적 기독교의 도전: 가가와 도요히코의 경우'를, 제4장은 사회경제사 연구자인 오니시 하루키[大西晴樹] 도호쿠가쿠인대학[東北学院大学] 학장이 '근대 일본의 기독교 학교 교육'을, 마지막 제5장은 고히야마 루이[小檜山ルイ] 도쿄여자대학 교수(여성사)가 '근대 일본의 그리스도교와 여성'을 테마로 근대 일본과 기독교의 관계를 조망했다. 일본의 근대와 기독교의 문제는 연구하고 분석해야 할 다양한 주제가 과제로 남아 있으며, 그것을 해석해 낼 참신한 관점과 방법론이 여전히 요구되고 있다. 그런데 이러한 '근대 일본과 기독교'의 문제는 비단 일본만의 문제로만 머무는 것일까? 을사늑약 이후 40년 동안 일본제국의 지배 아래 놓였던 한반도는 그러한 '근대 일본' 그리고 '일본 기독교'의 영향으로부터 온전히 자유로운 것일까? 다음 장에서는 몇 가지 사례들을 통해 그 문제에 대해 고찰해 보려 한다.

2) 일본의 근대성을 답습한 한국, 그리고 한국 기독교

그러면 마지막으로 지금까지 살펴본 '근대 일본과 기독교'의 모습을 우리 안으로 가져와 보자. 과연 강 건너 불구경하듯 이 주제를 남의 일로만 바라볼 수 있을까? 하나의 예로서, 앞서 소개한 제국 일본의 근대적 표어였던 '팔굉일우'는 한국의 기독교계에서 어떤 식으로 수용되고 언표되었는지 살펴보겠다. 먼저 신흥우, 정춘수 등의 기독교인을 중심으로 활동하던 '흥업구락부'는 1938년 9월에 "황국 일본의 신민으로서의 영예와 책임을 통감하고 팔굉일우의 도의적(道義的) 급합(給合)으로써 자분 노력케 함을 성심으로써 서(誓)하는 바이다"[56]라면서 사상전향서를 발표했다.

황기 2600년이라 기념되던 1940년에는 기독교계의 대표적 문인 주요한(朱耀翰)이 '팔굉일우'라는 제목의 시를 발표하였다. "불은 하나나 억만 등을 켭니다. 생각은 하나나 억만 구원을 이룹니다"[57]라는 시의 한 대목은 팔굉일우의 정신을 압축해 묘사하고 있다. 그는 동시에 시행된 '창씨개명'의 광풍 속에서도 자신의 이름을 마쓰무라 고이치[松村紘一]이라고 지어, 팔굉일우의 가운데 두 글자인

—— 연희전문학교 졸업사진(1941)에 등장하는 '팔굉일우' 기념탑
'인천행(仁川行)'이라고 쓰여 있는 것으로 보아 인천 지역에 세워진 일본 미야자키의 것과 유사한 형태의 기념탑으로 보인다

'굉일(宏一)'을 차용하였을 만큼 '팔굉일우' 사상에 깊이 천착하였다. 주요한은 태평양전쟁 발발 직후인 1942년에는 황군(皇軍)의 일원이 되기 위해 필요한 다섯 가지의 각오를 소개하면서, 그 두 번째 요소로, "팔굉일우의 대이상을 깨달아라. 황군은 정의의 군사이며, 황국(皇國)의 전쟁 목적은 동아(東亞)의 신질서를 건설하고 세계 각국이 각득기소(各得其所)하여 팔굉

---

56 「聲明書」, 『東亞日報』, 1938.9.4.

57 朱耀翰, 「八紘一宇」, 『新時代』 1, 1941; 朱耀翰, 「八紘一宇」, 『三千里』 13(1), 1941, 260-263.

일우를 만드는 데 있다"[58]라고 역설했다. 이듬해(1943)에도 "우리 황국민(皇國民)이 오직 한 손에는 칼을 들고 정의와 인도를 보호하고, 한 손에는 팔굉(八紘)을 한 집으로 한다는 장대한 이상을 내어 걸고 지금 착착 지상에 천국과 극락을 건설하고 있다"[59]라고까지 표현했다.

감리교회는 1941년 기원절(2월 11일 건국기념일) 기념 행사에서도, 전년도의 분위기를 계속 살리기 위해 "신무천황께서 '육합(六合)을 겸(兼)하여 도(都)를 개(開)하고 팔굉을 엄(掩)하여 일우를 만듦이 또한 가(可)하지 않느냐 하신 대이상"[60]을 조국이상(肇國理想)으로 명심하고 기억해야 한다고 강조하였다.

장로교회의 김응순(金應珣) 목사는 1941년 1월 22일 『장로회보(長老會報)』에서 "팔굉일우에 입각한 신체제 지도 이념을 설파하며, 기독교가 일본 국체와 모순이 없기를 바란다"라고 주문하였다. 같은 해(1941) 12월 13일, 대구 남산정(南山町) 성경학원에서 교계 지도자들이 모인 가운데 열린 국민정신총동원 조선야소교장로회 경북노회총연맹 대회에서도 "동양의 평화를 확보하여 팔굉일우의 대정신을 세계에 선양(宣揚)함은 황국부동(皇國不動)의 국시(國是)"[61]라고 선언하였는데, 1년 전 황기 2600년을 맞은 1940년에 감리교회도 『조선감리회보(朝鮮監理會報)』(1940년 8-9월호)에 이미 거의 비슷한 내용의 선언문을 게재한 바 있었다. 1941년 12월 15일에

58 松村紘一(舊名 朱耀翰), 「半島靑年에게 與함, 徵兵制와 半島靑年의 覺悟」, 『大東亞』 14(5), 1942, 29.

59 松村宏一, 「젊은 朝鮮의 使命, 다섯 가지 完遂하자」, 『基督敎新聞』, 1943.5.19, 1.

60 「奉祝紀元節」, 『朝鮮監理會報』, 1941.2.1.

61 『東亞日報』, 1939.12.15.

평양공회당에서 모인 5천 명의 청중 앞에 선 평양신학교 교장 채필근 목사는 "우리 일본제국이 신국(神國)이요, 광국(光國)으로 팔굉일우의 이상을 실현하여 세계를 재건하여야 하겠습니다"[62]라며 일본 천황을 중심으로 세계가 통합되는 과정에 한국의 기독교계도 적극 동참해야 함을 강조하였다. 1941년에 만주 봉천에 세워진 '만주신학원'은 입시 문제로서 '일본제국의 조국정신(肇國精神)'이나 '팔굉일우의 대이상', '대동아전쟁의 의의' 등이 출제되었을 만큼 이러한 개념들은 신학 교육에 있어서도 전통적 성서 및 신학 이해를 압도하는 수준에 이르렀다.[63]

이러한 고조되는 분위기 속에서 한일의 기독교회를 하나로 통합하는 논의도 활발해졌으며, 결국 1943년 4월에 '조선기독교혁신교단'이 창설되어 여러 교파를 하나로 모아 내는 준비 작업이 이뤄진 뒤, 해방 직전인 1945년 7월에는 장로교 및 감리교의 양 교단과 구세군 등 교단이 통합하여 '일본기독교조선교단'이 발족, 일본 내의 단일 교단이었던 '일본기독교단'의 하부 조직으로 편입되었다. 이러한 한일의 기독교 병합 과정에 있어서도 '팔굉일우'의 이념과 '내선일체'의 구호가 등장한다. 감리교회의 심명섭 목사가 도쿄를 방문하고 온 뒤 보고한 내용이다.

"기독신자가 진실로 합일(合一)한다면 … 팔굉일우의 낙원을 이룰 수 있을 것이다. … 도쿄 아오야마학원 교정에 내지기독교회(內地基督敎會)

---

62 佐川弼近(舊名 蔡弼近),「東亞의 維新, 米英擊滅의 平壤大演說會 速記」,『三千里』14(1), 1942.
63 최덕성,『한국교회 친일파 전통』, 지식산업사, 2006, 296.

40여 파 수만 신도가 회집하여 회동(會同)을 기(期)한다는 신언을 하고 … 각파의 내부 정리를 완료하여 대합동의 교단으로서 신앙보국(信仰報國)에 매진하리라 하니 경하하고 부러운 일이다. … 교파합동으로 구미 의존을 완전히 탈각한 기독교로서 신학교를 통합, 자립하고, 신문 출판물 등을 공동경영하며, 전도전선의 정비 단일화를 기하여 약진(躍進)하는 신동아 건설(新東亞建設)의 정신부대(精神部隊)로서 … 성광(聖光)을 반사(反射)케 하여야 한다."[64]

그러면 '팔굉일우'의 중심성을 표현한 '내지(인)'의 개념은 한국의 기독교인들 사이에서 어떻게 내면화되어 갔을까? 대표적인 기독교 지식인 윤치호를 비롯한 수많은 기독교인이 '내선일체'의 구호를 목청껏 높였던 장면은 앞선 '팔굉일우'에 열광한 모습의 이유를 쉽게 찾도록 해 준다.

"반도인이 내지인같이 되면 차별 대우라는 것은 자연 철폐될 것이라고 확신한다. 그러므로 반도인은 차별 대우를 철폐하여 달라고 하기 전에 먼저 … 책임감과 공덕심을 함양하여 내지인의 수준에 달할 것이 반도인의 역할이라고 생각한다. … 내선이 일체되지 않으면 안 될 것이다. … 정신적으로 일체가 되어야 한다."[65]

64 沈明燮, 「敎派合同을 期함」, 『朝鮮監理會報』, 1941. 5, 6.
65 尹致昊, 「內鮮一體에 對한 私見」, 『靑年』 19, 1940, 4-5.

대표적 근대 문인 이광수도 가야마 미쓰로[香山光郎]라고 창씨개명을 한 뒤, 이 문제를 차별 혁파를 위한 '내선일체'의 본령이라고 강조했다.

"내선일체를 국가가 조선인에게 허하였다. 내선일체 운동을 할 자는 기실 조선인이다. 조선인이 내지인과 차별 없이 될 것밖에 바랄 것이 무엇이 있는가. 따라서 차별을 제거하기 위하여서 온갖 노력을 할 것 밖에 더 중대한 긴급한 일이 어디 또 있겠는가."[66]

더 나아가 이광수는, 「심적 신체제와 조선문화의 진로(1), (2)」라는 글에서 "내선일체란 … 내지인인지 조선인인지 구별할 수 없게 되는 것이 그 최후의 이상이다. … 시급한 것이 … 황실에 대한 충성의 정조(情操)의 함양이다. … 천황은 살아 계신 하느님이신 때문이다. … 내지인과 동일 수준에 오르게 되면 … 차별은 저절로 소멸될 것이다"(『每日新報』, 1940년 9월 4일과 5일)라면서 조선인이 완전한 내지인(內地人)이 되어야 함과 현인신으로서의 천황에 대한 절대적 복종을 강조하고 있다. 이름은 물론 혈관과 뼈 속까지도 일본인과 똑같이 할 때, 비로소 내선의 차이는 소멸되어 진정한 '대동아공영권'이 만들어진다고 주장하며 한국의 대다수 기독교 목사들도 너 나 할 것 없이 창씨개명에 동참하였다. 그리고 이른바 '순일본적' 황도적 기독교의 실현과 신사참배에 앞장섰다. 일본기독교단이 창설되던 제1회 총회에 참석한 뒤, 가시하라신궁, 이세신궁 등도 참배

---

66 이광수, 「창씨와 나」, 『每日新報』, 1940.2.20.

하고 돌아온 김종대 목사가 가네코 가나오[金子鍾大]라 창씨한 이름으로 보고한 내용을 보면 다음과 같다.

"16일 열차로 내지를 향하게 되었다. … 일본교계에 권위들로서 도미타 미쓰루[富田滿], 히다카[日高善一], 무라타[村田四郎] 등이었다. … 이세신궁에 참배하고 돌아와서 기타하라[北原, 鄭箕煥] 목사와 같이 나라[奈良]를 거처 오사카[大阪]까지 왔었다. … 내선교회(內鮮敎會)의 긴밀한 연락하에서 내선일체의 귀한 꽃이 피게 됨이 더하리라 한다."[67]

"내지교단(內地敎團)과 손을 맞잡고 황군을 따라 대동아공영권 건설에 종교보국(宗敎報國)에 나가자!"[68]

이듬해에도 장로교회의 총회 총대들은 단체로 일본을 방문해 이세신궁 등을 참배하고 있다.[69] 이러한 한국 기독교계의 굴종은 해방 이후 어떤 식으로 처리되었을까? 사실 일본기독교단을 비롯한 일본기독교회, 일본침례교회, 일본구세군, 일본성공회 등 수많은 일본의 기독교 교단들은 전시하에 교회가 불의한 전쟁에 협력한 사실과 신앙에 반하는 신사참배 등에 적극 참가한 것 등을 회개하는 참회 선언을 발표하고 역사적으로 반복하지 않을 것을 다짐하였다. 반면 한국 기독교계에서는 여전히

67　金子鍾大, 「內地日本基督敎團 第1回總會를 다녀와서(上)」, 『基督敎新聞』 35, 1942. 12. 23, 3.
68　金子鍾大, 「內地日本基督敎團 第1回總會를 다녀와서(下) 旅路에 感想」, 『基督敎新聞』 36, 1942. 12. 30, 3.
69　「長老會總會總代, 伊勢神宮에 參拜」, 『基督敎新聞』 39, 1943. 1. 20, 6.

_____ 1943년 나라의 가시하라신궁을 참배한 뒤 동대사를 찾은 조선 목사 방문단

공식적인 참회 선언이나 반성의 절차 등이 이뤄지지 않고 있는 현실이다. 이러한 틈바구니 속에서 한국의 기독교는 근대 일본이 보였던 행태를 유사하게 답습하며 새로운 파시즘 정치 체제를 구축해 나간다. 그 대표적인 사례로서 기독교인 정치가 이승만과 대종교 소속 철학자 안호상의 만남을 생각해 볼 수 있다.

  3) 조선신궁과 평양신사 자리, 그 후의 풍경들…: 근대 일본과 기독교,
     한반도의 자화상

  "나라와 겨레의 어버이신 리승만 박사를 또다시 우리의 대통령으로!"

"위대한 창업의 성취를 위하여, 국부(國父) 리승만 박사를 다시 모시자,
대통령으로!"

이 구호는 한국전쟁이 한창이던 1952년의 혼란 중에 이승만 재선을
위해 사용된 슬로건이다. 당시의 선거 포스터를 보면, 이승만은 단군(檀
君)을 앞세워 자신이야말로 한국의 '국부'임을 강조하고 있다. 지금 관점
에서는 이해하기 어려운 이런 말들을 가능케 한 이념이 바로 '일민주의
(一民主義)'이다. 정부 수립 직후인 1949년 이승만 대통령이 반공을 통한

민족 분열의 척결을 강조하며 국
시로 선포한 통치 이념이다. 쉽
게 말해 "단군의 한 자손, 하나님
의 한 자녀"라는 것을 성취할 영
도자는 이승만뿐이라는 개인 우
상화 논리였다. 이승만 스스로도
『일민주의 개술』(1949)에서 "일민
이라는 두 글자는 나의 50년 운동
의 출발이요, 또 귀추이다"라고
강조한 바 있다. 일민주의를 연
구한 재미학자 고광일은 이승만
의 '일민주의'가 체계적이지 않은
선동적 슬로건에 불과했다고 비
판하면서, 이승만은 결코 민주주

—— 1952년 제2대 대통령 당선 축하 포스터
한국전쟁이 한창이던 시기의 대선 승리 축하 포스
터에 "단군의 피를 받은 배달민족은 이순신과 을
지 공의 용진법대로"라든가, "국토를 지키고 국부
를 섬기자. 향토를 사수하자. 직장을 사수하자",
"제2대 대통령 재선 축하" 등의 문구가 단군과 이
승만 사진 등과 함께 소개되고 있다

의자가 아니었으며 새로운 유형의 동양형 독재자(Orient autocrat)이자 감상적 전통주의자로서, 19세기 이전의 동양 문화와 기독교적 배경의 20세기 미국 정치사상이 뒤섞인 '기묘한 혼합체(strange mixture)'였다고 설명한다.[70]

초대 문교부 장관으로 임명된 철학자 안호상(安浩相)은 슬로건에 불과했던 일민주의를 정교하게 이론화하였다.『일민주의의 본바탕』에서 "일민(一民)은 반드시 한 핏줄(동일 혈통)이다. 이 한 핏줄이라는 것이 일민에는 절대적 요소다", 그리고 "우리 3천만의 최고 영도자이신 이승만 박사의 밝은 이성의 판단과 … 또 굳센 의지의 결정으로서 … 3천만 겨레는 재래의 모든 주의들과 주장들을 모조리 다 버리고 오직 이 일민주의의 깃발 밑으로만 모여야 된다. 우리는 일민주의를 위하여 일하며 싸우며 또 죽을 각오를 해야 한다"라고 선동하면서 당시의 혼란을 수습하고자 했다. 또한 그는 1949년 12월 일민주의보급회 부회장직에 오르면서 "하나의 민족에는 하나의 사상만이 존재한다"라는 전체주의적 발상을 내놓는다. 문교부장관에 임명된 이듬해인 1949년 2월 18일에는 학도호국단을 창설하였는데 이는 히틀러의 유겐트를 만든 것이라는 비판에 직면했지만, 일민주의를 통해 자신을 변증했다.

이승만과 안호상의 결합이 잉태한 '일민주의'라는 이념은, 기독교와 대종교의 만남이라는 성격도 지닌다. 대종교(大倧敎)는 한국 강제병합 직

---

70 Koh Kwang Il, *In Quest of National Unity and Power: Political Ideas and Practices of Syngman Rhee*, ProQuest Dissertations Publishing, Rutgers University, 1963; 김한교, 「이승만 대통령의 역사적 재평가 : 이승만 대통령의 정치사상」,『한국논단』 183, 2005, 114-133쪽 참조.

___ 일민주의보급회총본부가 발행한 '일민주의 체계표'
일민주의는 우선 '한 핏줄'과 '한 운명'으로 크게 나뉘어 있다

전인 1909년 나철(羅喆, 1863-1916)에 의해 만들어진 신종교로서, 태고 시대에 온 우주를 창조한 하느님을 믿는다고 하지만 결국 민족의 태고신 개념인 '한얼' 또는 '한검[神]', 그리고 고조선을 창건한 시조인 단군을 숭배한다. 민족 신앙의 전통을 강조하다 보니 그 자체로서 일제 치하에서 종교적 구국 운동으로 비쳤기 때문에 탄압의 대상이 되었고, 1915년에 나철 대종사는 자결하였다. 민족주의나 국수주의 관점에서 볼 때는 독립 유공의 측면도 있는 대종교이나, 이러한 속성이 기독교인 독재자 이승만과 결합한 순간 '일민주의'라는 기묘한 이념을 낳고 만 것은 아닌가 짐작해 본다.

1920년에 대종교에 입문하였던 안호상은 이른바 '단군 민족주의'를 주창하며 단군기원 연호를 강력히 주장해 제헌 국회에서 단군기원인 '단기'의 일원화를 이끌었다. 1948년 9월 25일 법률 제4호로 '연호에 관한 법률안'이 그것이다. 국회는 이미 그해 7월 12일 대한민국 헌법 제정 당시에도 그 전문(前文)에 '단기 4281년'으로 표기한 바 있었다. 또한 안호상은 개천절을 국경일로 제정한 것이나 '홍익인간'이라는 말을 교육 이념 등에 반영하는 등 꾸준히 영향을 끼쳤다. 이는 민족적 특수성에 기초한 대종교 소속 사상가가 세계적 보편성에 기초한 기독교인 통치자 이승만과 결합하였을 때, 오히려 더욱 큰 촉발이 이뤄졌을 가능성이 있다. 근대 일본의 경우와 비교해 보더라도, 이는 일본을 세운 진무천황[神武天皇, 한국의 단군과 같은 존재]을 중심으로 한 황기 연호 제정이나 야마토 민족주의를 강조한 일본의 근대 사상이 에비나 단조나 와타제 쓰네요시 등의 기독교와 상호 교감하며 그 힘을 더 발휘하던 모습과 꽤나 유사한 형태로 비교된다.

안호상은 일본 유학을 거쳐 1925년부터 독일의 예나대학교에서 철학과 법학을 공부하였는데, 대표적인 헤겔 철학자 브루노 바우흐(B. Bauch) 문하에서 공부했고, 이때 1930년대 초부터 나치당에 협력했던 오토 쾰로이터(Otto Koellreutter)에게도 배웠다. 오토가 1935년에 쓴 책 *Deutsches Verfassungsrecht; ein Grundriss*(Berlin, Junker und Dünnhaupt verlag)는 4년 뒤 일본에서 『나치스 독일의 헌법론』으로 번역 출판되었다(전술한 오타니가 참고한 책). 안호상은 1930년에는 일본 교토제국대학 철학 연구실에서 방문 연구를 하는 등, 독일과 일본의 당시 사상을 두루 접하였다. 민족주의 성향이 종교적 신앙으로까지 승화돼 있던 안호상이 독일과 일본의 극단적 형태의 국수주의를 배우고 돌아왔을 때 그것이 해방된 조국의 국내 현실에서는 어떻게 파생되어 갔을까? 실제로 독일 유학 시절 히틀러의 연설을 직접 들은 적도 있다는 그는 해방 이전은 물론 이후에도 나치당에 대해 다음과 같이 긍정적 평가를 내리고 있다.

"이 원을 풀어 줄 이는 오직 나치스뿐이다. 이 원을 해결하는 데 비로소 나치스 승리, 즉 독일의 승리가 있는 것이다. … 그가 또한 위대한 웅변의 소유자이다. 어떠한 혁명가에 있어서든지 웅변은 위대한 무기였었지만, 히틀러에게 있어선 그것이 위대할 뿐만 아니라 최고로 발달되었다 하여도 과언이 아니게끔 되었다."[71]

"독일은 신작 나치스주의로 국민의 사상을 철석같이 굳게 하여 경제적으로 파멸된 독일을 부흥시키기에 온 힘을 다하였습니다. 그런 결과 마침내 중단되었던 독일 역사는 새 진행을 하게 되어 잃어버렸던 독일 백성의 명예는 차차 회복하기 시작하였습니다. … 미영과 러시아로서는 이 독일 나치스를 그대로 둘 리는 절대로 없었던 것입니다."[72]

이러한 안호상의 성향이 친미 기독교인 이승만 독재의 추동력과 결합하였을 때, 대한민국의 첫 스텝은 스미야가 강조한 근대 일본의 '국민주의적 국권론'과 유사한 형태로 한반도에서 재현될 수밖에 없었는지도 모른다. 해방된 한국에서 '제국 일본'은 일단 사라졌으나, 그들이 남겨 놓은 잔재와 독버섯은 여전히 뿌리 깊게 영향을 미친 것이다. 그 결과 '일민주의'라는 기묘한 단발성 사상이 정책에까지 적극 반영되었고, 1948년 대한민국 정부 수립 직후부터 시작된 제주 4.3을 비롯하여 거창, 함양, 산

---

71 安浩相, 「히틀러, 아인스타인, 오이켄 제씨의 인상」, 『조광』, 1938.11.
72 安浩相, 『우리의 부르짖음』, 文化堂, 1947, 39-40.

청, 울산 등 수많은 민간인 학살 사건의 사상적 토대가 마련되어 국민의 희생 위에 '국가'의 절대적 우위성을 확보하려 하게 된 것이다.

안호상은 1995년 4월에는 대종교 총전교의 자격으로 북한을 무승인 방문하여 단군릉, 즉 국조성릉(國祖聖陵) 참배를 감행한다. 단군 숭배를 통한 민족 주체성의 확보는 그의 일관된 주장이었는데, 단군릉을 정비하고 민족 주체성을 강조하는 모습에 대해서 높이 평가한 안호상은 북한의 김 부자에 대해서도 긍정적 평가를 하기에 이른다. 결국 근대 일본의 천황제 이데올로기는, 한반도에서 이승만의 일민주의와 김일성의 주체사상이라는 분단된 '민족사회주의' 형태로 새로이 재탄생한 측면을 부정할 수 없다.

이승만의 탄신 80주년을 기념하였던 1955년에는 남산에 이승만의 동상이 세워졌는데 그 높이가 25m로 당시 동양에서 세워진 동상 가운데 최대 규모였다. 높이만으로는 현재의 북한 만수대에 세워져 있는 김일성, 김정일 동상의 22.5m보다도 높다. 그런데 그 세워진 자리를 보면 역사의 기묘한 연속성에 조금은 소름마저 돋는다. '아마테라스 오미카미'와 메이지천황(明治天皇)을 제신으로 하였던 조선신궁(朝鮮神宮)의 본전이 있던 자리에 이승만 동상이 세워진 것이다. 1936년 6월 29일 조선총독부는 감리교회의 양주삼 총리사를 불러 신사참배는 국민의례에 불과하므로 교회에서도 적극 참여해 줄 것을 요청하였고, 양주삼도 "기독교인은 종교인이기에 앞서 국민"이며 "국가적 의례라고 하면 누구나 다 참여할 것이므로 굳이 가결할 필요가 없다"라고 대답하여 협력을 다짐했다. 이후 1938년 9월 3일이 되어 전국 감리교회에는 신사참배가 국민의례이므

___ 서울 남산의 조선신궁과
그 자리에 세워진 이승만 동상

로 참석할 것을 지시하는 통고문이 하달되었으며, 조선신궁은 서울 지역 감리교회 신자들의 핵심적인 참배 장소가 되었다. 그러한 굴욕의 장소에 새롭게 등장한 감리교회 출신 독재자와 인간숭배의 암운 속에서 새로이 재현되고 있었다. 하지만 그러한 근대 일본의 왜곡된 연장을 수용하지 않은 한국의 민중은 봉기하였고, 결국 이 동상은 1960년 4.19 혁명을 계기로 철거된다. 일본의 패전처럼 이승만 정권도 몰락하였다. 그렇게 역사는 다시 제자리를 찾으리라 기대되었다. 하지만 역사는 늘 그리 호락

호락하지가 않다. 퇴장이 예상되던 파시스트 안호상은 새로이 등장한 독재자 박정희 정권 아래서도 설 자리를 확보한다. 일본의 '교육칙어'를 흉내 낸 '국민교육헌장'의 사상적 기반을 구축하는 데 안호상은 다시 참여하였으며, 1967년에는 박정희의 특사로 세계를 순방하기도 하는 등, 인간 우상화와 독재의 정당성 부여라는 역사의 연결 고리를 다시 이어 붙이는 데 일조하였다.

이러한 현상은 북한에서도 유사하게 연출된다. 1913년 1월 1일 모란봉에서 진좌제가 거행된 뒤, 1916년 5월 4일에 정식 신사로 등록된 평양신사(平壤神社)는, 아마테라스 오미카미와 국혼대신(國魂大神) 등을 제신으로 하는 평북의 중심 신사였다. 이곳은 한국 장로교회의 굴욕적 신사참배가 처음으로 결행된 곳이기도 하다. 1938년 9월 9일부터 열린 조선예수교장로회 제27회 총회에서 신임 총회장으로 평북노회 홍택기 목사가 선출되었는데, 이튿날 평양노회장 박영률 목사가 신사참배를 결의하자는 제안을 하여 그 즉시 가결되었다. 홍택기 총회장은 "아등(我等)은 신사(神社)는 종교가 아니요, 기독교의 교리에 위반되지 않는 본의를 이해하고

_____ 조선신궁의 학생참배 모습(좌)과 신사참배를 결의한 조선예수교장로회 총회 임원 23명이 1938년 9월 10일 총회를 정회한 뒤 평양신사를 찾아가 참배하는 모습(우)(『조선일보』, 1938.9.12.)

신사참배가 애국적 국가 의식임을 자각한다. 그러므로 이에 신사참배를 솔선 여행(勵行)하고 나아가 국민정신동원에 참가하여 비상시국하에 있어서 총후(銃後) 황국 신민으로서 적성(赤誠)을 다하기로 기한다"[소화 13년 (1938) 9월 10일 조선예수교장로회 총회장 홍택기]라고 준비된 듯 발표하였다. 신사참배 가결 직후 부총회장과 각 노회장들은 총회를 대표하여 12시 정회 후 곧바로 평양신사에 참배를 한 뒤 돌아와 다시 회의를 속개했다. 평양신사의 집단 참배를 시작으로 다른 노회들의 신사참배 결의도 착착 진행되어 전국으로 확대되어 갔다.

평양신사는 이처럼, 한국 기독교회가 '천황제'와 '신사참배'로 대표되는 일본의 근대성 앞에서 철저히 무릎 꿇고 굴종한 역사의 상징적 공간이기도 하다. 이 평양신사는 1945년 8월 15일 일본의 항복이 전해지자 그날 밤 몰려온 평양 시민들로 인해 불에 타 무너졌다. 소련 군정이 시작된 1946년에 그 자리에는 '국립예술극장'이 세워졌는데 지금의 모란봉극장이 바로 그곳이다. 이곳은 다름 아닌 1948년 남북 단일정부 구상 논의를 위해 남북조선 제 정당 및 사회단체 대표자 연석회의(남북협상회의)가 개최된 곳으로, 백범 김구와 우사 김규식 선생 등이 참석하기도 했다. 하지만 같은 해 제1차 최고인민회의 대회가 다시 이곳에서 열려 김일성이 수상으로 추대되었으니 북한은 평양신사의 터에서 새로운 국가를 출범시키고 지도자를 세운 것이다. 또한 옛 신사 계단을 걸어 내려가면 곧바로 만수대(萬壽臺)가 나오는데, 그곳에는 조선신궁의 이승만 동상처럼 김일성과 김정일 부자 동상이 22.5m의 거대한 규모로 지금도 세워져 있다. 김일성 또한 한때 감리교 손정도 목사의 지도를 받고 성장하면서 기

_____ 평양신사(좌)와 그 계단 아래 만수대에 세워진 김일성, 김정일 부자 동상

독교로부터 적잖은 영향을 받은 바 있다. 하지만 이후 공산주의자로 변신하고 북한의 최고 지도자로 등극하면서 스스로를 우상화하는 결과로 이어진다. 근대 일본의 제국주의와 천황제(인간숭배), 미국식 자본주의와 소련식 공산주의라는 근대성의 두 쌍생아의 대립 속에서, 그 모두를 거쳐 온 남북한의 지도자는 결국 또 다른 아라히토가미를 향한 욕망에 도취돼 있던 것을 아닐까?

1946년 1월 1일 이른바 '인간 선언'을 통해 쇼와천황은 스스로의 근대적 '신성'을 부정했다. 하지만 그 직후 한반도의 서울에 세워진 조선신궁 자리와 평양의 평양신사 자리에는 새로운 '인간숭배'의 기념물이 세워져서 근대 일본의 야망을 껍데기만 바꾼 채 재현해 갔다. 한국은 이승만의 동상을 넘어뜨리며 퇴행적 역사에 맞서 보았으나, 다시 일본 육사를 거쳐 관동군 장교를 지낸 인물이 새로운 군사 독재의 시대를 열며 독재 체제를 연장시켰다. 근대 일본 천황제의 변태적 성격으로 새롭게 산출되어 간 남북한의 독재 체제와 인간 우상화의 풍조 속에서, 한국의 기독교 또한 일본의 기독교와 다를 바 없는 무기력한 영합의 역사를 보여 온 것이

사실이다. 북한의 기독교도 '조선그리스도교연맹'이라는 이름으로 존재
는 하지만, 공산주의 치하에서 허울만 남아 연명하고 있는 현실이다.

하지만 그 과정에서도 남한의 일부 기독교 세력은, 한반도가 근대 일
본의 암운(파시즘과 제국주의) 속에 여전히 머물고 있음을 힐난하며 예언
자적 사명을 발휘해 갔다. 결국 민주주의 실현과 분단 체제 극복의 기틀
을 마련하는 데 기독교가 일조한 것 또한 반드시 기억해야 할 것이다. 그
럴 때마다 한국 기독교계의 예언자성에 힘을 실어 주었던 것이 소수지만
강단 있던 일본 기독교계의 목소리였음 또한 기억해 주면 좋겠다. 하지
만 여전히 숨 막히는 상징 천황제 구조 아래서 소수 종교로서 사회적 역
량을 발휘하지 못하고 있는 일본의 현대 기독교와 비교할 때, 역사에 적
극 참여하고 변혁하였던 한국 기독교계의 역동성은 중요한 차이점이라
할 수 있겠다.

그럼에도 불구하고 분단을 겪은 한반도의 남과 북 모두에게서 전개된
근대 일본의 잔재(인간숭배와 파시즘)가 답습되었으며, 기독교의 대부분은
그 힘 앞에 무력하게 굴종하던 자화상이었음을 돌아보게 된다. 이에 대
한 성찰을 위해서라도 일본의 근대와 기독교에 대한 고찰은, 중요한 타
산지석이자 미래를 위한 시금석이라 하지 않을 수 없다.

5. 나가면서

일본 근대 사회의 형성의 원점을 추적해 가다 보면 의외로 기독교와

의 인연이 적지 않음을 발견하게 된다. 전국 시대의 무력(총포) 확보를 위한 적극적인 기독교 수용은 근대 일본의 '탈아입구'와 '화혼양재'의 원형이 되었다. 하지만 기독교의 핵심 가치나 신앙에 대한 관심이 희박한 선택적 수용은 근세를 거치며 근대 이후 더욱 심화되었다. 오히려 원시적 민간신앙에 뿌리를 둔 전통 종교 신도(화혼)를 일신교적 고등종교로 진화 발전시켜 서양의 대표적인 종교인 기독교와 겨루어도 뒤지지 않도록 만들고자 애쓰던 모습이 바로 그것이다. 기독교의 자극 속에서 탄생한 '복고신도(국학)'는 이후 메이지유신 세력을 잉태했고, 그들은 근대 천황제라는 '초종교' 시스템을 고안해 냈다. '현인신'으로서의 새로운 천황상(天皇像)을 통해 기독교를 압도하고 극복하려는 시도를 감행하였다. 청일, 러일전쟁을 거친 뒤 갈수록 팽창해 가는 제국의 영토를 바라보며 정신적(화혼)·물적(양재) 토대는 충분히 갖춰졌다는 자아도취에 빠졌고 승산 없는 태평양전쟁으로의 몰입은 결국 패전과 제국 해체로 이어졌다. 그런데도 이러한 망상을 지탱해 온 일본의 근대 사상은 전후에도 여전히 거대 여당과 보수 종교 세력 등에 암약하며 재기의 순간을 노려 왔으며, 최근 십수 년 동안 현저하게 그들의 모습은 수면 위로 떠오르고 있다.

일본 근대 사상에 기독교가 처음부터 자극제 역할을 하였듯이, 1930년대 이후의 극우적 경도의 배경에는 독일이라는 기독교 세계와의 동맹을 통해 전체주의로 흘러가는 과정도 존재했다. 그런데 이러한 일본의 근대 사회 형성 과정에서의 세계사적 민폐 현상은 비단 일본만의 문제로만 끝나는 것일까? 한국 사회, 특히 한국 기독교계에도 이러한 영향은 잔존해 있지 않았는지 성찰할 필요가 있다. 이승만과 박정희를 거쳐 오며 '친일

부역 정당화'와 '반공 이념' 등을 통해 한국과 한국 기독교계의 이념 가운데에도 근대 일본이 품었던 종교적, 정치적 욕망이 이식되었을 가능성은 적지 않다. 북한의 현대 정치 또한 이 문제로부터 자유로울 수 없으며 오히려 더욱 극단화된 형태를 보이고 있다. 독일 나치스와 그에 부역한 서구 기독교의 시대적 오판과 역사적 책임은, 근대 일본과 일본 기독교의 시대착오적 행태를 경유하여, 한국 사회와 종교계 안에도 만연해 있는지 모른다. 인종, 민족, 종교, 계층, 언어, 젠더 등의 문제로 발생한 소수자와 난민에 대한 배제와 차별을 충분히 극복하지 못하고 있는 한국 종교계, 특히 기독교계는 여전히 '근대의 망령'이라는 호수 위에서 부유하고 있어 보인다. '근대'라는 이름의 바이러스에 제대로 된 백신도 치료 약도 없이 무력하게 발목 잡혀 새로운 미래로 나아가지 못하고 있는 것은 아닌가? 그야말로 '근대라는 이름의 팬데믹 상황 100년'이라 말할 수 있을지도 모르겠다. 근대 일본이 기독교라는 종교를 이용하면서 어떤 세계를 만들고자 했는지 면밀하게 살펴보는 작업은, 과거의 늪에서 여전히 헤어나오지 못하는 자화상을 직시함으로써 오늘의 우리를 새롭게 정립하고 나아갈 미래의 전망을 현명하게 하기 위해서라도 필수적인 고찰 대상임이 틀림없다.